Tal Ben-Shahar

Titulaire d'un doctorat en psychologie et en philosophie, Tal Ben-Shahar est l'un des professeurs les plus populaires de l'université de Harvard, dont il est lui-même diplômé. Il enseigne la psychologie positive à 1 400 étudiants chaque semestre : 20 % des élèves de Harvard passent par son cours, 99 % de ceux-ci le recommandent, et 23 % déclarent qu'il a changé leur vie.

**Retrouvez l'auteur sur son site
www.talbenshahar.com**

L'apprentissage du bonheur

Principes, préceptes et rituels
pour être heureux

Des livres pour vous faciliter la vie !

Chin-Ning Chu
L'art de la guerre pour les femmes
Pour vaincre sans conflit

Stefan Einhorn
L'art d'être bon
Oser la gentillesse

Patrick Estrade
La maison sur le divan
Tout ce que les habitations révèlent de nous

Eugène T. Gendlin
Focusing
Au centre de soi

Joseph Messinger
Le sens caché de vos gestes
Vos gestes ont la parole…

Philippe Turchet
La synergologie
Comprendre son interlocuteur à travers sa gestuelle

Nury Vittachi
Le Kama Sutra des affaires
Principes essentiels de management de la sagesse indienne

Tal Ben-Shahar

L'apprentissage du bonheur

Principes, préceptes et rituels pour être heureux

Préface de Christophe André
Traduit de l'américain par Hélène Collon

BELFOND

Titre original :
*HAPPIER : LEARN THE SECRETS TO DAILY JOY
AND LASTING FULFILLMENT*
publié par McGraw-Hill, New York

Le papier de cet ouvrage est composé de fibres naturelles, renouvelables, recyclables et fabriquées à partir de bois provenant de forêts plantées et cultivées durablement pour la fabrication du papier.

Le Code de la propriété intellectuelle n'autorisant, aux termes de l'article L. 122-5, 2° et 3° a, d'une part, que les « copies ou reproductions strictement réservées à l'usage privé du copiste et non destinées à une utilisation collective » et, d'autre part, que les analyses et les courtes citations dans un but d'exemple et d'illustration, « toute représentation ou reproduction intégrale ou partielle faite sans le consentement de l'auteur ou de ses ayants droit ou ayants cause est illicite » (art. L. 122-4).
Cette représentation ou reproduction, par quelque procédé que ce soit, constituerait donc une contrefaçon, sanctionnée par les articles L. 335-2 et suivants du Code de la propriété intellectuelle.

© 2007, Tal Ben-Shahar

place des éditeurs

© 2008, Belfond, un département de
pour la traduction française.
ISBN : 978-2-266-18505-9

Sommaire

Préface 8
Avant-propos 23

Première partie : Qu'est-ce que le bonheur ? 35

Deuxième partie : Le bonheur en pratique 135

Troisième partie : Méditations sur le bonheur 189

Conclusion 243

Remerciements 249

Préface

« Encore un livre sur le bonheur ? Mais il y en a déjà plein ! Alors pourquoi lire celui-ci plutôt qu'un autre ? »

Eh bien, parce qu'il y a de bonnes raisons de le lire lui, justement...

TROIS BONNES RAISONS (PARMI D'AUTRES) DE LIRE CE LIVRE

La première de ces raisons, c'est tout simplement qu'il y a encore du travail pour aider nos contemporains à être un peu plus heureux, comme en atteste la prévalence des maladies dépressives et anxieuses, en croissance vertigineuse, au point que l'OMS considère qu'il s'agit d'un des grands problèmes de santé pour les années à venir, une véritable « bombe à retardement économique et sociale »[1]. En matière de bonheur,

---

1. Voir sur le site de l'OMS : http://www.euro.who.int/healthtopics/HT2ndLvlPage?language=French&HTCode=depression

tout a peut-être été déjà écrit, mais tout n'a pas été lu, ni appliqué, loin de là ! Si des livres, des discours, des conseils peuvent nous aider à aller mieux, nous aurions tort de les laisser de côté.

La deuxième raison, c'est que le bonheur a plusieurs origines : il y a bien sûr une part d'hérédité, sur laquelle nous ne pouvons guère revenir. Il y a aussi le poids d'un environnement que nous ne pouvons pas toujours, ou pas facilement, modifier : être né et vivre à telle époque, à tel endroit, dans telle famille... Mais il y a également nos attitudes, nos comportements, nos styles de pensée qui pèsent de façon significative sur notre niveau de « bien-être subjectif », cette dénomination pudique que les scientifiques utilisent pour parler du bonheur. Cette part active est évaluée par bon nombre de chercheurs à environ la moitié de nos capacités à nous sentir et nous rendre heureux[1]. Elle fournit une assez belle marge de manœuvre pour rattraper nos malchances (ou gâcher les chances dont nous avons hérité de par nos chromosomes ou notre milieu de naissance...). Certes, nous aimerions qu'elle soit plus grande, cette marge de manœuvre, et que notre bonheur ne dépende que de nous, mais ce n'est déjà pas si mal : imaginez qu'il soit à votre portée d'augmenter votre fortune de 50 % en faisant quelques efforts accessibles... Nous n'en sommes d'ailleurs pas si loin, puisque vous apprendrez dans ce livre que le bonheur est véritablement la plus grande des richesses.

La troisième raison de lire ce livre, c'est qu'il s'agit d'un livre pertinent et intelligent. Son auteur, Tal Ben-

---

1. S. Lyubomirsky et coll. *Pursuing Happiness : the Architecture of Sustainable Change*, Review of General Psychology, 2005, 9 : 111-131.

Shahar, est « professeur de bonheur » (un boulot qui fait rêver...) à la prestigieuse université de Harvard, aux États-Unis, et son cours s'avère excellent et très apprécié des étudiants, ce qui se perçoit dans son ouvrage, qui mêle expérience personnelle et connaissances scientifiques. *L'Apprentissage du bonheur* est un livre de pédagogue : il est parcouru par le souci de provoquer une prise de conscience et un changement chez ses lecteurs. Ce ne sont pas seulement des *Propos sur le bonheur*, à l'image de ceux, bien connus et très estimables, du philosophe Alain[1], mais bien une méthode de transformation personnelle qui est ici exposée. Un ensemble de conseils, d'outils, de trucs, comme on dit.

DES TRUCS POUR ÊTRE PLUS HEUREUX ?

En psychologie, les « trucs » ne sont pas à la mode. Alors que tout le monde en raffole, des trucs pour réussir ses recettes de cuisine à ceux pour élever ses enfants... Cette disgrâce du mot et de la chose tient à de bonnes et de mauvaises raisons. Les bonnes raisons, c'est qu'un truc à lui tout seul ne provoque pas un changement en profondeur. Ou plutôt, il nécessite pour cela d'être appliqué avec clairvoyance (au bon moment) et surtout avec persévérance (en psychologie, une fois ne suffit jamais). Les mauvaises raisons, c'est que le mot « truc » supposerait quelque chose de trop simple pour être efficace. Et, face à quelque chose d'aussi compliqué que le bonheur, comment des trucs

---

1. Alain, *Propos sur le bonheur*, Paris, Gallimard, 1928.

pourraient-ils suffire ? Comment de simples conseils arriveraient-ils à nous faire progresser dans un domaine dont les philosophes débattent depuis plus de deux millénaires ? Et pourtant... En tant que médecin, psychiatre, et psychothérapeute, j'ai souvent observé que les outils les plus simples étaient les plus efficaces. Notre cerveau est compliqué, nos vies sont compliquées, nos personnalités sont compliquées... Alors, si on utilise aussi des outils, des démarches, des raisonnements eux-mêmes compliqués, s'y retrouver et faire des progrès risquent fort de devenir impossibles ! Prenons l'exemple d'un robot ménager qui aurait pour ambition de vous aider à tout faire : peler les légumes, presser les fruits, hacher la viande, etc. Si son usage et son entretien sont trop complexes, vous en reviendrez bien vite à vos bons vieux presse-oranges et autres couteaux éplucheurs, si simples et finalement si efficaces... Les principes et les fondamentaux qui nous permettent d'aller bien sont tous d'une grande simplicité, et pour la plupart connus depuis longtemps. Notre problème, c'est que nous ne les appliquons pas. Alors que nous en comprenons parfaitement l'intérêt. Ce que l'on nomme expérience, ce n'est pas tant faire la découverte de ces fondamentaux que faire la découverte de leur importance et de la nécessité de les appliquer pour se rapprocher d'une vie heureuse. L'auteur rappelle dans ce livre que lorsque des patients cancéreux apprennent qu'ils sont malades, conscients qu'ils n'ont plus de temps à perdre, ils voient leur rapport à la vie changer du tout au tout. Nombreux sont ceux qui, après rémission ou guérison, ont ainsi transformé leur vision de l'existence. Non parce qu'ils acquièrent tout à coup un savoir inédit, mais parce que leur situation leur permet une prise de conscience aiguë de ce qu'ils savaient depuis toujours. Ils portaient déjà en eux la connaissance qui aurait dû leur montrer comment, pour eux, la vie devait être vécue. Seulement, ils ne voulaient pas savoir qu'elle était là, ou bien ils l'ignoraient. Pour certains, cette « découverte » est une source d'apaisement ; pour d'autres, elle est source de regrets. N'attendons pas les épreuves pour écouter les conseils – simples – de notre « sage intérieur ». Ne dilapidons pas les occasions de nous rendre plus heureux (les humains sont de grands gaspilleurs des propositions de bonheur qui leur sont faites par la vie quotidienne) sous prétexte que cela nous paraît « trop simple » pour pouvoir marcher.

VRAIE SIMPLICITÉ ET FAUSSE COMPLEXITÉ

Tal Ben-Shahar rappelle à ce propos qu'il existe deux sortes de simplicité : en deçà ou au-delà de la complexité. La première forme de simplicité n'a pas pris le temps de la réflexion : elle n'est que platitudes qui ne reposent sur rien et affirmations gratuites. Notons d'ailleurs qu'elle peut se dissimuler derrière un langage très savant, parfois un jargon, masquant le vide de la pensée, ce dont certaines écoles de psychologie ont largement usé et abusé dans le passé. La seconde forme de simplicité est celle qui est issue d'une quête, d'une recherche, d'une réflexion profonde et d'expérimentations laborieuses, nombreuses, répétées et partagées. C'est de cette simplicité que Léonard de Vinci parlait, lorsqu'il disait qu'elle était « le raffinement suprême ». Cette simplicité efficace et pragmatique est infiniment supérieure à toute forme de complexité bidon, à cette « fausse profondeur » que raillait l'écrivain Paul Valéry. Le réflexe de dire : « Vous êtes trop naïf, c'est bien plus compliqué que cela », n'est souvent qu'une forme de paresse intellectuelle. Certes la vie est toujours plus compliquée que nos discours, certes les trucs et les conseils sont toujours insuffisants à un moment ou à un autre. Mais y réfléchir et les mettre en pratique représentent une voie de résolution des problèmes posés infiniment plus fructueuse et efficace que les trop longs discours qui accouchent d'un sentiment de découragement et d'impuissance à agir. C'est le même Paul Valéry qui écrivait : « Ce qui est simple est faux. Mais ce qui est compliqué est inutilisable. »

PSYCHOLOGIE POSITIVE

Toute cette simplicité qui traverse le livre repose donc sur de nombreux travaux : elle s'appuie notamment sur le très vigoureux et très passionnant courant de la « psychologie positive », l'un des plus actifs dans le monde actuel de la recherche scientifique en psychologie[1]. Actuellement on a largement dépassé le stade de la méthode de « Maîtrise de soi-même par l'autosuggestion consciente » du pharmacien lorrain Émile Coué, à la fin du XIXe siècle, ou le célèbre « Pouvoir de la pensée positive » de l'Américain Norman Vincent Peale, dans les années 50. Comment définir la psychologie positive ? C'est une

---

1. Voir pour synthèse : C. R. Snyder et S. J. Lopez (éditeurs). *Handbook of Positive Psychology*, New York, Oxford University Press, 2002. Ou encore : D. Kahneman, E. Diener, N. Schwarz (éditeurs). *Well-being, the Foundations of Hedonic Psychology*, New York, Russell Sage Foundation, 1999.

« réflexion scientifique sur le fonctionnement humain optimal », nous dit l'auteur. C'est aussi une autre façon de réfléchir à l'amélioration du bien-être humain, en se concentrant sur l'étude de ce qui construit notre santé, et non plus seulement sur ce qui l'entrave. C'est, appliquée à l'équilibre de notre esprit, la transposition du concept de « santé active », qui s'impose désormais en médecine : on peut travailler à rester en bonne santé en adoptant certains comportements (faire de l'exercice physique, manger beaucoup de fruits et de légumes, éviter le tabac, consommer l'alcool avec modération, etc.). De la même manière, on peut augmenter ses chances de se sentir bien mentalement en gérant son stress, en développant une communication affirmée et non violente avec les autres, en développant ses émotions positives, etc. Certains ont eu la chance d'apprendre à le faire dès leur enfance, en observant des parents aptes au bonheur, ou en vivant dans des familles où régnait cette intelligence de la vie ; d'autres devront l'apprendre à l'âge adulte. Cela leur demandera bien sûr des efforts, mais aucun effort n'est inaccessible ni insurmontable. Et c'est ce à quoi s'attache ce livre : apporter aide et conseils. Ce que notre vie et notre passé n'ont pu faire, un simple livre le pourrait ? Oui : cela s'appelle la bibliothérapie...

BIBLIOTHÉRAPIE

L'aide que peuvent nous apporter les livres dans la conduite de notre vie est bien évidemment immense[1]. Qu'il s'agisse d'œuvres de fiction, romans ou poèmes,

---

1. M. A. Ouaknin, *Bibliothérapie*, Paris, Seuil, 1994.

ou d'ouvrages de philosophie ou de psychologie destinés à activer notre matière grise, la plupart d'entre nous peuvent citer plusieurs livres dont la lecture nous a marqués au point de changer notre vision du monde. Lorsque la démarche est volontaire de la part de l'auteur, on parle de « livres d'aide », les *self-help books* des Anglo-Saxons. Les caractéristiques en sont alors assez clairement définies en matière de contenu (en général ciblé sur un problème précis, et s'adossant à une information validée), de contenant (un style simple, compréhensible par le plus grand nombre), et d'utilisation (le lecteur est invité à modifier ses attitudes quotidiennes pour tester l'intérêt des conseils sur son propre cas, et à mettre en place de nouvelles façons d'être, de penser, de réagir...). De nombreuses études ont validé la pertinence et l'efficacité de cette approche dans différentes formes de difficultés psychologiques[1], et ont cherché à en améliorer les caractéristiques[2]. De même qu'on analyse pour toute mise sur le marché d'un nouveau médicament ce que les experts nomment le SMR (Service médical rendu) c'est-à-dire ce que ce médicament apportera de plus au patient, il existe pour les livres d'aide une notion de SPR (Service psychologique rendu). Le SPR de l'ouvrage *L'Apprentissage du bonheur* est à mon avis tout à fait digne d'intérêt. Et son caractère de livre d'aide ne fait aucun doute, tant l'auteur manifeste un

---

1. N. M. Smith et coll., *Three-year Follow-up of Bibliotherapy for Depression*, Journal of Consulting and Clinical Psychology, 1997, 65 : 324-327.

2. J. N. Norcross, *Integrating Self-help into Psychotherapy : 16 Practical Suggestions*, Professional Psychology Research and Practice, 2006, 37 : 683-693.

souci constant d'inciter ses lecteurs à reposer son livre pour réfléchir et agir. « Que mon livre t'enseigne à t'intéresser plus à toi qu'à lui-même, puis à tout le reste plus qu'à toi... », écrivait André Gide, en exergue de son chef-d'œuvre *Les Nourritures terrestres*[1]. Il s'agit d'en faire de même tout au long de la lecture de cet ouvrage...

LEÇONS ET EXERCICES

Souvenez-vous de vos années d'école : les leçons, cela s'apprend, et c'est en général suivi d'exercices. Eh bien, cela va ressembler un peu à cela, sinon que vous allez être à la fois le maître qui stimule et l'élève qui travaille. Pour ma part, n'étant pas moi-même au départ un surdoué à l'école du bonheur, j'ai lu ce livre en respectant soigneusement les recommandations de l'auteur : observer des pauses aux moments recommandés et réfléchir activement à partir de sa propre expérience. Ces petits moments où l'on repose le livre et où l'on se met à balayer sa propre vie, ses valeurs, ses priorités, ses automatismes, ses souvenirs, c'est exactement ce que cherche à provoquer Tal Ben-Shahar en tant qu'auteur, et ce qu'il doit certainement rechercher lorsqu'il dispense ses cours auprès de ses étudiants : ne vous contentez pas d'écouter (ou de lire) ! Agissez, essayez, testez ! Le bonheur est une pratique. La philosophie antique, qui fut la première à traiter du bonheur, et dont les messages restent d'une

---

1. A. Gide, *Les Nourritures terrestres*, Paris, Gallimard, collection Folio, 1989.

incroyable actualité aujourd'hui, ne disait pas autre chose[1]. Le discours sur le bonheur n'est rien sans la pratique.

DEVENEZ RICHES

Voilà, pas de miracle donc, cher lecteur : il va falloir travailler. Mais, d'une part, le jeu en vaut la chandelle : ajouter du bonheur à sa vie, quoi de plus souhaitable ? D'autre part, vous allez apprendre dans cet ouvrage comment transformer ces mêmes efforts en bonheur ! Pour la modeste somme que vous a coûtée ce livre (je crois qu'il n'existe aucun autre objet au monde qui présente un meilleur rapport qualité-prix qu'un bon livre !), vous allez vous enrichir. De la meilleure et de la plus grande des richesses : la capacité à être heureux. Car tout ce que nous pouvons rechercher d'autre – amour, gloire, puissance, argent – n'a d'autre but que de nous rendre plus heureux, n'est-ce pas ? Alors pourquoi ne pas aller directement à l'essentiel ? Il y a dans cet ouvrage une image que j'ai particulièrement appréciée : celle de la « banqueroute affective ». Tal Ben-Shahar nous rappelle qu'à force d'obsession à accumuler les biens matériels on risque sans s'en rendre compte la faillite psychologique. Car l'âme humaine peut faire faillite, tout comme une entreprise. Pour demeurer solvable, cette dernière doit faire des bénéfices : il faut que ses recettes soient supérieures à ses dépenses. Il en est de

---

[1]. P. Hadot, *Exercices spirituels et philosophie antique*, Paris, Albin Michel, 2002.

même avec notre esprit : tant que les expériences positives (les « gains », en termes financiers) sont supérieures aux expériences négatives (les « pertes »), la vie vaut la peine d'être vécue. Mais, lorsque ce rapport s'inverse durablement, nous sombrons dans la banqueroute affective : la durée et l'intensité des expériences négatives outrepassent le bénéfice des expériences positives, et nous sommes menacés par la dépression et le dégoût de vivre. Si nous perdons de vue l'essentiel, à savoir que la quête de la richesse ou de la notoriété n'a de sens que si elle sert notre bonheur, sans l'entraver ni le sacrifier, nous sommes nous-mêmes perdus... Rien d'étonnant à ce que les grandes traditions religieuses se soient intéressées à cette métaphysique du bonheur[1] aux côtés de la philosophie[2] et de la littérature[3].

LA CHOSE LA PLUS IMPORTANTE...

Un ami philosophe qui me rend régulièrement visite à Paris (il est suisse) me pose chaque fois la même question, lors des conversations où nous prenons des nouvelles l'un de l'autre : « Alors, cher ami, quelle est la chose la plus importante pour toi en ce moment ? » Et chaque fois, ou presque, je lui réponds, après avoir lon-

---

[1]. Voir par exemple pour le catholicisme : P. Teilhard de Chardin, *Sur le bonheur*, Paris, Seuil, 1966. Et pour le bouddhisme : F. Midal, *Quel bouddhisme pour l'Occident ?*, Paris, Seuil, 2006.
[2]. D. M. McMahon, *Happiness : a history*, New York, Atlantic Monthly Press, 2006.
[3]. R. Mauzi, *L'Idée du bonheur dans la littérature et la pensée françaises au XVIIIe siècle*, Paris, Armand Colin, 1960.

guement hésité : « Continuer de travailler à la recherche du bonheur ». Évidemment, ça ne lui suffit pas, et il continue inlassablement ses questions, mais c'est une autre histoire. Le bonheur m'importe, comme il vous importe sans doute, en tant qu'être humain. Mais il m'importe aussi en tant que médecin psychiatre : je vois tant de patients qui ont du mal avec le bonheur... Face à eux, je pense souvent à ces mots de Diderot : « Il n'y a qu'un devoir, c'est d'être heureux. » S'il avait ajouté « et de rendre heureux », nous avions la citation parfaite ! Car évidemment, comme toutes les richesses, le bonheur doit se partager et se transmettre.

Allez, comme tout préfacier, j'ai été bien trop long. Je vais maintenant laisser la place à l'essentiel : le rendez-vous que vous avez avec vous-même pour la construction ou la consolidation de votre bonheur au quotidien. Suivez le guide : le professeur Tal Ben-Shahar n'attend plus que vous pour commencer le cours...

Christophe André est médecin psychiatre à l'hôpital Sainte-Anne, à Paris.

Il est notamment l'auteur de Imparfaits, libres et heureux : pratiques de l'estime de soi *(Odile Jacob, 2006),* Vivre heureux : psychologie du bonheur *(Odile Jacob, 2003) et* De l'art du bonheur : 25 leçons pour être heureux *(Éditions de l'Iconoclaste, 2006).*

À ma famille

Avant-propos

> *Nous vivons tous dans le but d'être heureux ; nous menons tous une existence différente qui, pourtant, est la même.*
>
> Anne F<small>RANK</small>

Tout a commencé par un séminaire de psychologie positive que j'ai animé à Harvard, en 2002. Huit étudiants y étaient inscrits ; deux ont laissé tomber en cours de route. Une fois par semaine, nous examinions sous tous les angles ce que je présentais comme étant la « Grande Question » : comment contribuer à son propre bonheur, et à celui des autres – qu'il s'agisse d'individus, de communautés, de sociétés entières ? Nous lisions des publications savantes, émettions des hypothèses, échangions des expériences personnelles (positives ou négatives)... Bref, à la fin de l'année universitaire, nous avions mieux compris en quoi la psychologie pouvait nous aider à mener une vie plus heureuse, plus satisfaisante.

L'année suivante, ce cours a en quelque sorte acquis une existence officielle puisque mon mentor,

Philip Stone, qui le premier a éveillé mon intérêt pour cette discipline, et qui fut aussi le premier détenteur de la chaire de psychologie positive à Harvard, m'a proposé de dispenser à l'année un cours sur le sujet. Cette fois, trois cent quatre-vingts étudiants se sont inscrits. Lors de leur évaluation de fin d'année, plus de 20 % d'entre eux ont précisé que ce cours « améliorait la qualité de la vie ». L'année suivante, ce furent huit cent cinquante-cinq élèves qui se présentèrent : mon cours était désormais le plus fréquenté de toute l'université.

C'est grâce à William James, père fondateur de la psychologie américaine il y a plus d'un siècle, que j'ai maintenu le cap : il disait toujours qu'il fallait rester pragmatique et rechercher « la valeur concrète de la vérité en termes d'expérience ». La valeur concrète que je recherchais avant tout pour mes étudiants n'avait pas pour unités de mesure l'argent, la réussite, les louanges, mais ce que j'en suis venu à appeler le « capital suprême », la fin vers laquelle tendent tous les moyens : le bonheur.

Il ne s'agissait pas d'un cours théorique sur l'art de mener la « vie meilleure » dont parlent les philosophes. Outre la lecture des publications spécialisées et autres travaux déjà réalisés dans ce domaine, les étudiants étaient censés trouver des applications pratiques. Ils devaient par exemple affronter leurs peurs intimes dans des devoirs écrits, mais aussi s'imposer des objectifs ambitieux, que ce soit pour la semaine ou pour la décennie à venir. On les incitait à prendre des risques et à définir leur propre « intervalle médian » entre état de confort et état de panique.

Pour ma part, je n'ai pas toujours été capable de trouver ce fameux intervalle. Timide et introverti par nature, je me suis senti relativement à l'aise lors de mon premier séminaire, avec mes six étudiants. Mais quand, l'année suivante, j'ai dû faire face à près de quatre cents jeunes, l'intervalle s'est considérablement réduit. Et la troisième année, la fréquentation ayant plus que doublé, je me suis vite ancré dans l'état de panique – surtout quand des parents d'élèves, quelques grands-parents plus les médias ont commencé à débarquer.

Depuis que le succès de ce cours a attiré l'attention du *Harvard Crimson* et même du *Boston Globe,* le déluge de questions n'a plus cessé. Les gens sentent – depuis quelque temps déjà – qu'une espèce de révolution s'opère, mais ils ne comprennent pas bien pourquoi. Comment expliquer cette demande de psychologie positive à Harvard comme sur d'autres campus universitaires américains ? Pourquoi cet intérêt croissant pour l'étude du bonheur dans les collèges et les lycées ainsi qu'au sein de la population adulte ? Les gens seraient-ils plus déprimés qu'avant ? Est-ce dû à l'éducation que nous dispensons aux jeunes du XXIe siècle, ou à notre mode de vie occidental ?

En réalité, la réflexion sur le bonheur n'est caractéristique ni de l'Occident ni de l'époque postmoderne. De tout temps et en tout lieu, on a cherché la clé du bonheur. C'est Platon qui en a institutionnalisé l'étude au sein de son Académie, tandis que son élève le plus connu, Aristote, lui faisait concurrence avec son fameux Lycée, où il enseignait sa propre vision de la plénitude. Plus d'un siècle auparavant, et sur un autre continent, Confucius allait à pied de village en village pour répandre sa doctrine personnelle. Il n'est de religion ni de philosophie constituées qui ne traitent du bonheur, dans ce monde ou dans l'autre. Plus récemment, à travers les continents, divers gourous du mieux-être ont envahi les rayons des librairies et les salles de conférences, de l'Inde à l'État d'Indiana et de Jérusalem à Djedda.

Toutefois, si le désir de mener une vie meilleure et la réflexion qui l'accompagne transcendent le temps et l'espace, on distingue actuellement certains éléments caractéristiques qui contribuent à expliquer cette forte demande pour la psychologie positive. Aux États-Unis, le nombre de dépressifs est dix fois plus élevé que dans les années 60, et l'âge moyen des premiers symptômes de la dépression se situe vers quatorze ans et demi (vingt-neuf ans et demi en 1960). Des travaux portant sur les étudiants en première et deuxième année d'université aux États-Unis nous apprennent que près de 45 % des personnes interrogées étaient « déprimées au point de ne plus pouvoir fonctionner normalement ». D'autres pays marchent sur nos traces. En 1957, 52 % de la population britannique se déclaraient très heureux, contre 36 % en 2005, alors que la richesse nationale de la Grande-Bretagne a triplé depuis un demi-siècle. Parallèlement à la croissance rapide de l'économie chinoise, on observe dans ce pays une augmentation proportionnelle du nombre d'enfants et d'adultes victimes d'angoisse et de dépression. Le ministère de la Santé chinois déclare : « La santé mentale de nos enfants et de nos jeunes est indubitablement dans un état inquiétant. »

À mesure que la qualité de vie augmente, le taux de dépression s'élève. Si, en Occident et dans un nombre croissant de pays orientaux, nos générations sont plus aisées que les précédentes, nous ne sommes pas plus heureux pour autant. Mihaly Csikszentmihalyi, un des auteurs phares de la psychologie positive, pose une question simple qui entraîne une réponse complexe :

« Si nous sommes aussi riches, pourquoi ne sommes-nous pas plus heureux ? »

Tant que les gens ont cru que pour s'épanouir dans la vie il suffisait de pourvoir aux besoins matériels, le sentiment de malheur s'expliquait facilement. Mais aujourd'hui, dans bien des cas, ces besoins fondamentaux sont satisfaits ; on ne peut donc plus avancer une explication toute faite face à cette insatisfaction. De plus en plus de gens cherchent la solution de ce paradoxe – tout se passe comme si la prospérité nous avait valu le malheur – et, pour ce faire, ils se tournent vers la psychologie positive.

POURQUOI LA PSYCHOLOGIE POSITIVE ?

La psychologie positive (qu'on définit généralement comme la « réflexion scientifique sur le fonctionnement humain optimal[1] ») est devenue un domaine officiel de recherche en 1998 sous l'égide de Martin Seligman, président de l'Association américaine de psychologie. Jusque-là, la réflexion sur le bonheur (la volonté d'améliorer la qualité de la vie)

---

1. Définition tirée du *Manifeste de psychologie positive,* publié en 1999 par les plus grands spécialistes de cette discipline. La voici dans sa totalité : « La psychologie positive est la réflexion scientifique sur le fonctionnement humain optimal. Elle vise à isoler et mettre en valeur les facteurs favorisant l'épanouissement des individus et des communautés. Cette école incarne une démarche nouvelle de la part des psychologues chercheurs : il s'agit de se focaliser sur les origines de la bonne santé psychologique, et ce en dépassant l'accent précédemment mis sur les concepts de maladie et de trouble. » On trouvera le manifeste, en anglais, dans son intégralité sur le site Internet : http://www.ppc.sas.upenn.edu/akumalmanifesto.htm.

était très largement dominée par ce qu'on appelle la « pop psychologie ». Dans la foule de séminaires et d'ouvrages consacrés à l'épanouissement personnel, on trouve beaucoup de choses amusantes, voire attirantes ; cependant, les théories reposant sur une réflexion sérieuse sont peu nombreuses – bien qu'il en existe. Ici, on vous garantit le bonheur en cinq étapes faciles ; là on vous dévoile les trois secrets de la réussite, ou encore les quatre manières de rencontrer l'âme sœur. Ce sont généralement des promesses sans fondement, et, avec le temps, le public a fini par se méfier de ce genre de démarches.

À l'autre bout du spectre, il y a les milieux universitaires, dont les publications et travaux, quoique étayés, parviennent rarement dans les bibliothèques familiales. À mon sens, le rôle de la psychologie positive est de jeter un pont entre la tour d'ivoire du savoir et la culture populaire, entre la rigueur de la recherche scientifique et la catégorie du mieux-être. Tel est aussi le propos de ce livre.

Si les ouvrages de mieux-être promettent tant et permettent si peu, c'est qu'ils ne sont qu'exceptionnellement soumis à l'épreuve de la méthode scientifique. À l'inverse, les théories exprimées dans les revues spécialisées ont suivi tout le processus scientifique, de la conception à la publication ; leurs fondements sont donc plus substantiels. Leurs auteurs, généralement plus discrets, énoncent moins de promesses face à moins de lecteurs, mais obtiennent davantage de résultats.

Cependant, comme la psychologie positive se veut une passerelle entre les hautes sphères académiques et le café du Commerce, les recommandations des psychologues positifs (que ce soit sous forme de livres, de conférences ou de sites Web) ressemblent parfois aux conseils dispensés par les gourous du mieux-être. Elles sont simples et accessibles – comme la pop psychologie –, mais d'une manière radicalement différente.

Oliver Wendell Holmes, qui fut ministre de la Justice, a fait un jour la remarque suivante : « Je ne voudrais pour rien au monde d'une simplicité qui se cantonne en deçà de la complexité ; en revanche, je donnerais ma vie pour une simplicité qui dépasse la complexité. » Holmes s'intéressait à la simplicité issue d'une quête, d'une recherche, d'une réflexion profonde et d'expérimentations ardues, et non aux platitudes qui ne reposent sur rien, aux affirmations gratuites. En s'immergeant dans les profondeurs d'un phénomène donné, les psychologues positifs refont surface de l'autre côté de la complexité munis de notions accessibles, d'hypothèses concrètes, ainsi que de techniques simples et d'astuces qui marchent. Ce qui n'est pas un mince exploit. Léonard de Vinci disait déjà que la simplicité était le raffinement suprême.

Soucieux qu'ils sont de distiller l'essence même de la vie meilleure, ces psychologues, comme les autres chercheurs en sciences sociales et les philosophes, consacrent beaucoup de temps et d'efforts à la quête de « la simplicité au-delà de la complexité ». Leurs théories, dont certaines sont exposées ici, peuvent vous aider à mener une existence plus heureuse, plus épanouie. La preuve : ça a marché pour moi.

COMMENT LIRE CE LIVRE

Le présent ouvrage a pour but de vous aider à comprendre de quoi est fait le bonheur ; et, au-delà, il cherche à vous rendre plus heureux. Mais il est peu probable qu'il vous suffise de le lire (celui-ci ou n'importe quel autre, d'ailleurs) pour y parvenir. En matière de changements significatifs, je ne crois pas aux raccourcis, et si mon livre doit avoir un réel impact sur votre existence, il vaut mieux le considérer comme un manuel, un instrument de travail – le travail en question devant faire appel à la fois à la réflexion et à l'action.

Survoler le texte sans faire l'effort d'y entrer ne servirait à rien ; il faut y réfléchir sérieusement. Dans cette optique, au fil des pages figurent des « Pauses » (qui ne sont pas des temps de repos mais d'introspection). Elles sont là pour vous donner l'occasion de méditer quelques instants sur ce que vous venez de lire, pour ne pas oublier de regarder en vous-même. Sans ces respirations, mes propos resteraient abstraits... et vous auriez vite fait de les oublier.

Outre ces Pauses, on trouvera à la fin de chaque chapitre des exercices plus longs destinés à susciter aussi bien l'action que la réflexion ; ils vous aideront à approfondir le texte. Certains vous motiveront plus que d'autres ; par exemple, il vous sera peut-être plus facile de tenir un journal que de pratiquer la méditation. Commencez donc par ce qui vous vient naturellement, et à mesure que ces exercices porteront leurs fruits, augmentez graduellement votre répertoire. Toutefois, si l'un d'entre eux vous mettait trop mal à l'aise, passez au suivant. Ils s'inspirent des interventions les plus intéressantes, d'après moi, des psychologues à ce jour et plus vous y investirez de temps, plus il y aura de chances que vous tiriez bénéfice de cet ouvrage.

Le livre se compose de trois parties. Dans la première, qui comporte cinq chapitres, j'aborde la nature du bonheur et les éléments essentiels qui constituent une existence heureuse. Tout au long de la deuxième partie, des chapitres 6 à 11, je m'attache à mettre en pratique ces théories dans le domaine de l'éducation comme sur le lieu de travail et dans les relations à autrui. Enfin, la troisième partie comprend sept « méditations » où je propose quelques idées sur la nature du bonheur et sa place dans notre vie.

Au premier chapitre, je raconte ce qui a amorcé ma propre quête d'une vie meilleure.

Dans le deuxième, j'avance que le bonheur ne provient ni de la satisfaction immédiate du désir ni du report indéfini de cette même satisfaction. Nos modèles habituels en matière de félicité (le « viveur » qui ne vit que pour le plaisir dans l'instant et le « fonceur » qui ajourne perpétuellement la récompense dans la poursuite de l'objectif qu'il s'est donné) ne conviennent qu'à très peu de gens, car ils ne tiennent pas compte d'un besoin fondamental chez l'être humain : celui d'un bénéfice à la fois présent et à venir.

Au chapitre 3, je m'efforce de démontrer que pour atteindre au bonheur il nous faut trouver *et* du sens *et* du plaisir à ce que nous faisons ; ainsi avons-nous l'impression de savoir où nous allons et, ce faisant, ressentons-nous des émotions positives. Mon chapitre 4 suggère que ce n'est ni l'argent ni le prestige, mais bel et bien le bonheur, qu'il faut considérer comme l'unité de valeur ultime, à l'aune de laquelle nous prenons la mesure de notre vie. J'y envisage le rapport entre aisance matérielle et bonheur, et je m'interroge sur le constat suivant : pourquoi y a-t-il tant de gens au bord de la faillite affective alors que nous n'avons jamais connu pareil bien-être matériel ?

Au cinquième chapitre, je relie les théories présentées dans ce livre aux travaux existants dans le domaine de la psychologie qui s'attache à la détermination des objectifs de vie.

Le chapitre 6 est consacré à la place du bonheur dans l'éducation. Je me demande pourquoi la plupart des élèves et des étudiants apprécient aussi peu les cours. Je passe ensuite en revue les moyens par lesquels les « éducateurs » – parents et enseignants – pourraient les aider à être plus heureux, à mieux réussir. Je présente deux approches radicalement différentes du processus d'apprentissage : le modèle « noyade » et le modèle « acte d'amour ».

Le chapitre 7 remet en cause l'idée selon laquelle un compromis serait inévitable entre épanouissement personnel et réussite professionnelle. Pour finir, j'évoque le cheminement nous permettant d'identifier les tâches qui sont source de plaisir et de sens, et pour lesquelles nous avons des dispositions.

Dans la première méditation de la troisième partie, je considère les liens entre le bonheur, l'égocentrisme et la bienveillance. La deuxième méditation concerne ce que j'appelle les « accélérateurs de bonheur », ces activités temporaires porteuses de sens autant que de plaisir et susceptibles d'affecter notre niveau moyen de bien-être. Ma troisième méditation remet en question l'hypothèse d'une prédétermination par la génétique ou par des expériences précoces de notre aptitude au bonheur, qui ne saurait donc être modifiée. La quatrième décrit plusieurs moyens de surmonter certaines barrières psychologiques – je veux parler des restrictions que nous nous imposons et qui nous empêchent de mener une existence épanouissante. La cinquième méditation propose un « exercice d'imagination », un point de vue sur la « Grande Question » qui est susceptible d'y apporter des réponses. La sixième fait ressortir le fait que notre effort pour multiplier les activités dans un laps de temps toujours plus court nous interdit peut-être de vivre mieux.

La méditation finale est consacrée à la révolution du bonheur. Je crois que, si un jour sa véritable nature devient « le *capital* ultime » aux yeux d'un nombre suffisant de gens, nous assisterons à l'émergence non seulement du bonheur à grande échelle, mais aussi de la bonté.

PREMIÈRE PARTIE

Qu'est-ce que le bonheur ?

1

La question du bonheur

Derrière chaque difficulté il y a une opportunité.

Albert EINSTEIN

À seize ans, j'ai remporté le championnat israélien de squash. Un événement qui a soudain fait passer au premier plan la question du bonheur dans ma vie.

J'avais toujours pensé qu'en décrochant ce titre je serais enfin heureux : cette victoire viendrait combler le vide que je ressentais. Pendant les cinq années où je me suis entraîné, j'avais l'impression qu'il manquait quelque chose d'important dans ma vie – une chose que ne m'apportaient ni les kilomètres de course à pied, ni les séances de musculation ni les paroles d'encouragement que je me répétais inlassablement. Mais ce n'était pour moi qu'une question de temps : bientôt, ce « manque » finirait par être comblé. Car, en toute logique, les épreuves physiques et mentales que je m'imposais étaient à mes yeux indispensables si je voulais arriver en tête du championnat, comme la victoire était la condition de mon accomplissement personnel, et cet accomplissement personnel la condition du bonheur. C'est ainsi que je raisonnais.

De fait, le jour où j'ai gagné, j'ai connu l'extase ; une félicité que jamais je n'aurais imaginé ressentir. Une fois la compétition achevée, je suis sorti en ville avec mes parents et amis, et nous avons dignement fêté l'événement. L'effort considérable, la souffrance physique et affective pendant ces cinq années de préparation avaient porté leurs fruits, je n'en doutais pas un seul instant. Cette victoire allait me procurer le bonheur.

Après cette soirée de réjouissances, je me suis retiré dans ma chambre. Impatient de savourer une dernière fois avant de me coucher cette sensation de béatitude suprême, je me suis assis sur mon lit. Et là, sans préambule, le bonheur d'avoir concrétisé mon vœu le plus cher, le plus idéalisé, a disparu d'un coup. La sensation de vide intérieur est revenue. Je me suis retrouvé désorienté, assailli de craintes. Les larmes de joie versées quelques heures plus tôt sont devenues des pleurs d'amertume et de désespoir. En effet, si je n'étais pas heureux en cet instant, alors que tout s'était déroulé à la perfection, comment espérer atteindre un jour le bonheur durable ?

J'ai bien tenté de me convaincre que je passais par une phase dépressive de courte durée, consécutive à un pic d'exultation. Mais les jours, les mois ont filé, et je n'étais toujours pas plus heureux qu'avant. En fait, j'étais même de plus en plus abattu, car je commençais à entrevoir que me fixer un nouvel objectif (remporter le championnat du monde, par exemple) ne me conduirait pas davantage au bonheur. Les étapes à suivre ne me sont plus apparues comme évidentes.

PAUSE

À quelle(s) occasion(s) avez-vous constaté qu'avoir atteint un objectif donné ne vous avait procuré aucune récompense sur le plan affectif ?

J'ai fini par comprendre qu'il fallait envisager le bonheur différemment – approfondir ou modifier l'idée que je m'en faisais. Alors m'a obsédé une seule interrogation : comment trouver le bonheur durable ? Cherchant la réponse avec ferveur, j'ai observé des gens qui me paraissaient heureux, et leur ai demandé où ils puisaient leur bonheur ; j'ai lu tout ce que je pouvais me procurer sur la question, d'Aristote à Confucius, de la philosophie antique à la psychologique contemporaine, des publications savantes aux ouvrages de vulgarisation.

J'ai décidé d'entamer des études supérieures de philosophie et de psychologie afin de poursuivre ma recherche de manière plus raisonnée. J'ai rencontré des gens brillants, auteurs, chercheurs, artistes ou enseignants qui avaient voué leur existence à l'étude des « grands concepts ». J'ai appris à lire les textes de manière fouillée, à porter sur eux un regard analytique ; j'ai assisté à des cours sur la motivation intrinsèque ou la créativité. Je me suis inspiré de Platon pour sa conception du « bien » et d'Emerson pour sa réflexion sur l'« intégrité de l'esprit »... Tout cela m'a permis, en quelque sorte, de porter de nouvelles lunettes grâce auxquelles ma vie et celle de mon entourage me sont apparues plus nettement.

Je n'étais pas seul dans mon malheur ; un certain nombre de mes camarades de cours me semblaient également connaître le stress et manquer de sérénité. Et j'étais frappé de constater qu'ils ne consacraient que peu de temps à ce qui, pour moi, était la « Grande Question ». Ils s'efforçaient d'obtenir de bonnes notes, de réaliser des exploits sportifs, de décrocher un emploi prestigieux... mais la poursuite – et la réalisation – de ces objectifs ne leur apportait pas de sensation de bonheur sur le long terme.

Même si leurs objectifs changeaient une fois diplômés (une promotion dans leur nouveau travail remplaçait la réussite aux examens, par exemple), ils continuaient à vivre selon la même logique. Bien des gens semblaient accepter que leur faillite affective aille de pair avec la réussite professionnelle. Thoreau avait-il donc vu juste en disant que la plupart des individus vivent dans un « désespoir tranquille » ? Possible, mais, pour ma part, je refusais que cette sombre assertion soit une fatalité, préférant chercher la réponse aux questions suivantes : comment allier bonheur et réussite ? bonheur et ambition ? Peut-on faire mentir la maxime selon laquelle « on n'a rien sans rien » ?

Dans ma quête de solutions, j'ai vite compris qu'il me faudrait tout d'abord définir le bonheur. S'agit-il d'une émotion ? Est-ce l'équivalent du plaisir ? l'absence de souffrance ? la sensation d'euphorie ? On substitue fréquemment au mot « bonheur » ceux de *bien-être*, *béatitude*, *extase* ou *contentement*, mais aucun d'entre eux n'évoque ce que *moi* j'entends par « bonheur ». Ce sont là des émotions fugaces instantanées, et, même si elles sont plaisantes et non dénuées de sens, elles ne sont pas les piliers du bonheur. On peut ressentir de la tristesse à certains moments tout en continuant à s'estimer globalement heureux.

Si j'identifiais clairement les termes et les définitions inadéquats, il m'était beaucoup plus difficile d'isoler ceux susceptibles d'exprimer *précisément* la nature même du bonheur. Tous, nous parlons du bonheur, et, en général, quand nous le trouvons, nous en avons conscience ; mais il nous manque une définition cohérente permettant d'en isoler l'origine. En français, « heur » vient du latin *augurium*, « présage », qui a fini par signifier « bonne fortune ». En anglais, le mot *happiness* a ses origines dans la racine islandaise *happ*, « chance » ou « hasard », qui a également donné dans cette langue le mot *haphazard* : « au petit bonheur la chance ». Tout cela comportait un élément aléatoire ; or, je répugnais à laisser le bonheur au hasard ; j'ai donc entrepris de le définir et de l'analyser.

PAUSE

Quelle est votre définition du bonheur ? Que signifie le bonheur pour vous ?

J'ai eu beau lire, réfléchir, faire des recherches, des observations, je n'ai pas découvert la recette secrète, « le bonheur en cinq étapes faciles ». Le but de mon livre est plutôt de susciter chez le lecteur une prise de conscience des principes généraux qui constitueraient les fondements d'une existence placée sous le signe du bonheur et de l'épanouissement.

Ces principes ne sont certainement pas une panacée, et ils ne peuvent pas s'appliquer à n'importe qui dans n'importe quelle situation. Je me suis concentré sur la psychologie positive, laissant volontairement de côté certains obstacles « internes » à même d'empêcher la poursuite du bonheur, comme la dépression aiguë ou l'anxiété majeure. Mes propositions ne s'appliquent pas non plus dans le cas des nombreux obstacles « externes » susceptibles de nous barrer le chemin de l'épanouissement.

Il peut être impossible, pour les individus vivant dans une région en guerre, sous un régime autoritaire, ou dans des conditions de pauvreté extrême, d'appliquer ne serait-ce que les prémices des théories exposées dans ces pages. Si l'on vient de perdre un proche, par exemple, il sera très difficile de se sentir concerné par ma « Grande Question ». Mais même dans un contexte moins extrême – une déception, une période pénible à son travail ou dans son couple –, il paraît difficile de demander aux gens de se focaliser sur la quête du bonheur. Dans ces cas-là, la meilleure solution est sans doute de ne pas refouler ses émotions douloureuses, de les laisser suivre leur cours naturel.

Aucune existence n'est exempte de souffrance, et multiples sont les barrières – internes ou externes – qui nous séparent de la félicité, et que ne saurait faire tomber la simple lecture d'un livre. Toutefois, en comprenant mieux l'essence même du bonheur et, plus important encore, en mettant en pratique certaines idées, on peut, dans la plupart des cas, se donner les moyens d'une vie meilleure.

TOUJOURS PLUS HEUREUX

Tandis que je rédigeais cet ouvrage, que je prenais connaissance des conclusions d'autrui sur la nature du bonheur, que je réfléchissais et observais le comportement de mon entourage, je me suis souvent demandé : « Suis-je heureux ? » D'autres aussi m'ont posé la question. Mais il m'a fallu un certain temps pour admettre que, si elle était pleine de bonnes intentions, cette question ne faisait pas avancer ma recherche.

Comment savoir si je suis heureux ou pas ? À partir de quel seuil puis-je me considérer comme heureux ? Y a-t-il un critère universel et, le cas échéant, comment l'identifier ? Mon bonheur est-il à déterminer en fonction de celui des autres, et, si oui, comment évaluer ce dernier ? Il n'y a pas de réponse sûre à ces questions, et même si cela était le cas, je ne me sentirais pas plus heureux pour autant.

L'interrogation « Suis-je heureux ? » est une question fermée impliquant une approche binaire de la poursuite du bonheur : on est heureux ou on ne l'est pas. Le bonheur est alors l'aboutissement d'un processus, un point fixe, défini, qui, une fois atteint, signe la fin de la quête. Cependant, ce point n'existe pas, et si on se raccroche à cette croyance, on ne trouvera qu'insatisfaction et irritation.

On peut toujours être plus heureux qu'avant mais nul ne connaît l'extase permanente qui lui permettrait de n'aspirer plus à rien. Aussi, plutôt que de m'interroger pour savoir si je suis heureux ou pas, il serait plus utile que je me demande : « Comment puis-je être plus heureux que je ne le suis ? » Cette approche-là tient compte de la nature du bonheur, du fait que sa recherche est un processus constant, un continuum infini et non un point fixe. Je suis plus heureux aujourd'hui qu'il y a cinq ans, et j'espère l'être davantage dans cinq ans.

Au lieu de céder à l'abattement parce qu'on n'a pas encore atteint le *stade* du bonheur parfait, au lieu de gaspiller son énergie à essayer d'évaluer son taux de bonheur actuel, on a intérêt à partir du principe que le bonheur est une ressource illimitée, et donc à se concentrer sur les différentes façons d'en puiser toujours plus. Aller vers un bonheur accru, c'est l'œuvre de toute une vie.

EXERCICES

Créer des rituels

Nous savons bien que le changement n'est pas chose aisée. La recherche montre que nous avons plus de mal que nous ne le pensons à acquérir de nouveaux savoir-faire, adopter des comportements différents ou nous débarrasser de vieilles habitudes ; et que la plupart du temps, qu'il s'agisse d'un individu ou d'une organisation, les tentatives de transformation échouent[1]. L'autodiscipline est en général insuffisante lorsqu'il s'agit de tenir nos engagements, même quand nous savons que c'est dans notre intérêt – ce qui explique le sort de bien des résolutions prises en début d'année...
Dans un livre intitulé *Le Pouvoir de l'engagement total*[2], Jim Loehr et Tony Schwartz abordent la question du changement selon un angle inédit : au lieu de cultiver l'autodiscipline comme moyen d'atteindre le changement, il faut introduire des *rituels*. Selon les auteurs, l'élaboration de rituels requiert un comportement très précis et une mise

---

1. *Cf.* Daniel Goleman, Richard Boyatzis et Annie McKee, dont les travaux font ressortir que la majeure partie des efforts pour changer sont voués à l'échec après ce qu'ils appellent le « stade de la lune de miel » – ou étape initiale de mise en œuvre. *Cf.* également J. P. Kotter, *Leading Change* (*Gérer le changement organisationnel*), Harvard Business School Press, 1996.
2. Éd. AdA, 2005. *(N.d.T.)*

en pratique à des moments bien définis – le tout motivé par des valeurs personnelles importantes.

L'élaboration d'un rituel est rarement chose aisée ; en revanche, sa perpétuation pose moins de problèmes. Par exemple, les athlètes de haut niveau ont leurs rituels : ils savent à quelle heure précise de la journée ils sont au stade, après quoi ils se rendent au gymnase pour finir par les exercices d'étirement[1]. Pour beaucoup d'entre nous, le fait de se brosser les dents matin et soir est un rituel qui n'exige pas des prouesses d'autodiscipline. Eh bien, c'est cette même démarche que nous devons adopter si nous voulons apporter un changement dans notre vie.

Pour les sportifs, être au sommet est une valeur personnelle capitale, c'est donc autour de l'entraînement qu'ils vont se créer des rituels. Pour le commun des mortels, l'hygiène est une valeur tout aussi capitale, d'où l'élaboration du rituel de brossage des dents. Voilà pourquoi, si je donne le statut de valeur à mon bonheur, si je veux être plus heureux que je ne le suis, il faut là aussi que je me crée des rituels.

Quels sont ceux que vous aimeriez introduire dans votre vie et qui vous rendraient plus heureux ? Ce peut être faire du sport trois fois par semaine, méditer un quart d'heure tous les matins, aller deux fois par mois au cinéma, sortir avec votre conjoint tous les mardis, vous détendre avec un livre pendant une heure un jour sur deux, etc. N'introduisez pas plus d'un ou deux rituels à la fois dans votre quotidien, et assurez-vous qu'ils ont acquis le statut d'habitude avant d'en ajouter de nouveaux. Pour paraphraser Tony Schwartz : un changement

---

1. Quand je m'entraînais six heures par jour au squash, on me parlait souvent de la « discipline » à laquelle je m'astreignais ; mais, pour moi, cela n'avait pas de sens. Certes, je ne ménageais pas mes efforts sur le court ou au gymnase, mais le fait de m'y rendre ne me coûtait pas particulièrement – c'était un rituel machinal que j'exécutais quotidiennement.

effectué par paliers vaut mieux qu'un échec ambitieux...
La réussite se nourrit d'elle-même.

Quand vous aurez défini vos rituels, inscrivez-les dans votre agenda et entreprenez de les accomplir. Au début, ils seront peut-être difficiles à mettre en place mais, avec le temps, ils deviendront aussi naturels que le brossage des dents[1]. Il est difficile de se défaire de ses routines, ce qui devient un atout lorsque celles-ci sont bénéfiques. Pour reprendre Aristote : « Nous sommes ce que nous faisons de manière répétée. Aussi l'excellence n'est-elle pas un acte mais une habitude. »

On rechigne parfois à instaurer des rituels dans sa vie, par peur que les comportements ritualisés ne dévaluent la spontanéité, la créativité – surtout les rituels relationnels (sortir à date fixe avec son conjoint) ou artistiques (pour ceux qui peignent, par exemple). Pourtant, si on ne ritualise pas ses activités (qu'il s'agisse de faire régulièrement de la gymnastique, de passer du temps avec sa famille ou de lire pour son plaisir), on ne s'y investit pas *vraiment* et, au lieu de se montrer spontané, on devient réactif – aux exigences d'autrui par rapport à notre temps, notre énergie. Dans le cadre d'une existence ainsi structurée, globalement ritualisée, il n'est pas question de rendre compte de chaque heure de la journée, bien sûr ; il reste encore du temps pour les comportements spontanés. D'ailleurs – et ceci est essentiel –, on peut intégrer la spontanéité dans le rituel en décidant par exemple de manière impulsive le lieu où l'on se rendra le jour précis qui fait l'objet d'un rituel. Les individus les plus créatifs (artistes, chefs d'entreprise, parents) observent tous des rituels.

---

1. À en croire William James, il faut vingt et un jours pour se doter d'une habitude nouvelle. Pour Jim Loehr et Tony Schwartz (2004), la plupart des activités deviennent des routines en moins d'un mois. Et de citer le dalaï-lama : « Il n'existe rien qui ne soit facilité par la familiarité et la pratique constantes. Grâce à la pratique, nous pouvons changer, nous pouvons nous transformer. »

Paradoxalement, ce côté routinier les rend libres de montrer leur créativité et leur spontanéité.

Tout au long de mon livre, je me référerai à cet exercice à mesure que vous instaurerez dans votre vie diverses pratiques, différents rituels qui vous aideront à être plus heureux.

Exprimer sa gratitude

Selon les travaux menés par Robert Emmons et Michael McCullough, les personnes qui tiennent un « journal de gratitude » (où elles inscrivent chaque jour au moins cinq choses qui leur inspirent de la reconnaissance) jouissent d'un niveau de bien-être physique et affectif supérieur.

Tous les soirs avant de vous coucher, mettez noir sur blanc au moins cinq faits qui vous rendent ou vous ont rendu heureux – envers lesquels vous éprouvez de la gratitude. Il peut s'agir de détails comme d'événements majeurs : un bon repas, une conversation enrichissante avec un ami, un projet entrepris dans le cadre de votre travail, Dieu lui-même, etc.

Si vous vous livrez régulièrement à cet exercice, vous finirez bien sûr par vous répéter ; rien de négatif là-dedans. L'important est de garder de la fraîcheur dans l'émotion correspondante. Représentez-vous la valeur que chaque source de gratitude revêt à vos yeux et éprouvez le sentiment qui lui est associé. Réitérer fréquemment cet exercice apprend à apprécier les côtés positifs de votre vie au lieu de les considérer comme allant de soi.

Vous pouvez pratiquer cet exercice seul ou avec un être cher – compagne ou compagnon, enfant, parent, frère ou sœur, ami proche... L'expression collective de la gratitude peut représenter un apport significatif à la relation que vous entretenez avec cette personne.

2

Réconcilier présent et passé

> *La Nature nous a donné à tous une chance d'être heureux ; que ne savons-nous la mettre à profit !*
>
> CLAUDIEN

Un des plus importants tournois de squash de l'année approchait. Je m'étais entraîné de manière intensive et j'avais décidé de suivre dans le même temps un régime alimentaire particulier. J'avais toujours mangé de manière saine – entraînement oblige –, mais de temps à autre je m'autorisais le « luxe » de manger n'importe quoi.

Depuis un mois, je n'ingurgitais que du poisson maigre et du blanc de poulet, des hydrates de carbone sous forme de céréales entières, des fruits et des légumes frais. Mais j'avais décidé de me laisser aller à deux jours d'alimentation peu diététique après cette période de régime strict.

Le tournoi achevé, je suis donc allé tout droit chez mon fournisseur de hamburgers préféré et j'en ai commandé quatre ; ma récompense entre les mains, j'ai ressenti ce que le chien avait dû éprouver en entendant la cloche de Pavlov. Je me suis attablé et j'ai déballé ma « prime à l'effort ». Mais, au moment de mordre dans le premier hamburger, je me suis arrêté.

Il y avait quatre semaines que j'attendais cette récompense, et maintenant qu'elle était devant moi sur un plateau en plastique, je n'en avais plus envie. Je me suis demandé pourquoi, et c'est là que m'est venue ma théorie du bonheur, également connue sous le nom de « théorie du hamburger ».

Je me suis rendu compte que, pendant le mois où je m'étais nourri de façon totalement saine, mon organisme s'était « purifié » et que je débordais d'énergie. Si je mangeais mes quatre hamburgers tout en y prenant plaisir, je savais qu'après je me sentirais mal, l'estomac lourd, fatigué.

Alors j'ai regardé mes quatre hamburgers intacts, et j'y ai vu quatre archétypes distincts résumant chacun un ensemble structuré de visions et de comportements.

LA THÉORIE DU HAMBURGER

Le premier « hamburger-archétype » était celui que je venais de reposer, savoureux mais ne contenant que des nutriments nuisibles. Si je le mangeais, j'en retirerais un *bénéfice immédiat* puisque j'y prendrais plaisir mais il me vaudrait un *préjudice futur*, puisque, ensuite, je ne me sentirais pas bien.

L'ensemble bénéfice immédiat/préjudice futur définit ce que j'appelle l'archétype *hédonisme*. L'hédoniste, ou « viveur », a pour maxime : *Rechercher le plaisir et fuir la peine* ; avant tout, il veut jouir du présent sans tenir compte des éventuelles conséquences négatives de ses actes.

Le deuxième « hamburger-archétype » qui m'est venu à l'esprit était un burger végétarien insipide, exclusivement composé des ingrédients les plus sains, qui allait m'apporter un *bénéfice futur* (puisque après l'avoir mangé je me sentirais bien), mais aussi me causer un *préjudice immédiat* vu que je ne prendrais aucun plaisir à le consommer.

L'archétype correspondant à ce modèle-ci est celui de l'*arrivisme*. L'arriviste, ou « fonceur », fait passer l'avenir avant le présent et se prive, en prévision d'un bénéfice anticipé.

Le troisième (et le pire) « hamburger-archétype » serait celui qui non seulement n'aurait aucun goût, mais en plus serait mauvais pour ma santé. En le mangeant, je subirais un *préjudice immédiat et futur* puisqu'il ferait du mal à mon organisme. On peut ici parler d'archétype *nihilisme*. Le nihiliste, ou « défaitiste », n'a plus goût à la vie, ne jouit ni de l'instant ni de la perspective de l'avenir.

Les trois premiers archétypes que j'ai définis sur le moment ne faisaient cependant pas le tour de toutes les possibilités : il en restait une.

Pourquoi pas un hamburger aussi savoureux que celui auquel j'avais renoncé et aussi sain que le végétarien ? Un burger qui constituerait une expérience complète en soi, en incluant un bénéfice immédiat et à venir ? C'est l'archétype *bonheur*. Les gens heureux vivent en sécurité dans la conscience que les activités leur procurant de la joie dans le présent les conduiront aussi à un avenir épanouissant.

Le schéma ci-dessous illustre les liens entre le présent (axe horizontal) et le futur (axe vertical) dans le cadre de ces quatre archétypes.

Ces archétypes tels que je les expose ici sont des formulations théoriques, des types et non des personnes réelles. À des degrés divers, nous possédons tous les caractéristiques du viveur, du fonceur, du défaitiste et du bienheureux. Dans le but de rendre plus claires les caractéristiques fondamentales de chaque archétype, la description que j'en ferai évoquera des individus existants, mais je forcerai le trait. À titre d'exemple, voici les péripéties vécues par un personnage imaginaire, que j'ai appelé Timon.

AVENIR

Bénéfice futur

Fonceur	**Bienheureux**
Le burger végétarien	L'hamburger idéal

− Préjudice futur ──────────────── + Bénéfice imédiat

Défaitiste	**Viveur**
L'hamburger le pire	L'hamburger nocif

Préjudice futur

PAUSE

Dans quel(s) quadrant(s) de mon schéma passez-vous le plus clair de votre temps ?

LE « FONCEUR »

Enfant, Timon ne se préoccupe guère de l'avenir ; il s'émerveille et se réjouit dans ses activités quotidiennes. Mais, à six ans, quand il entre à l'école primaire, sa carrière de fonceur commence.

Ses parents et ses instituteurs ne cessent de lui répéter que le but de sa scolarité est l'obtention de bonnes notes et d'un diplôme qui garantisse son avenir. Jamais on ne lui dit d'être heureux à l'école, ou qu'on peut – qu'on *devrait* – prendre plaisir à apprendre.

Craignant d'obtenir des résultats médiocres aux examens, vivant dans la terreur perpétuelle de passer à côté d'une parole importante dans l'« évangile » dispensé par l'enseignant, Timon est anxieux, stressé. Il attend avec impatience la fin de chaque heure de cours, de chaque journée d'école, et ne vit que pour les prochaines vacances, car, à ce moment-là, il ne sera plus obligé de raisonner en termes de devoirs et de notes.

Timon accepte les valeurs des adultes (les notes sont la mesure de la réussite) et continue à travailler dur alors même qu'il déteste l'école. Quand il réussit bien, ses parents et ses professeurs le complimentent, et ses camarades de classe (qui ont subi le même endoctrinement) l'envient. Au moment d'entrer au lycée, Timon a pleinement intériorisé la recette du succès : sacrifier le plaisir immédiat au nom du bonheur à venir. « On n'a rien sans rien. » Il n'apprécie ni son travail scolaire ni ses autres activités, mais s'y consacre entièrement. Il est mû par le besoin d'amasser honneurs et récompenses, et, quand la pression devient trop grande, il se dit qu'il commencera à profiter de la vie une fois à l'université.

Timon entreprend donc des études supérieures. Tout content, soulagé, il pleure en lisant la lettre de l'établissement qui a décidé de l'accepter comme étudiant. Il songe qu'il va enfin pouvoir être heureux.

Malheureusement, son soulagement est de courte durée. Deux mois passent, et revoilà notre Timon en proie aux mêmes affres. Il a peur de ne pas être au niveau. Car, si c'est le cas, comment espérer décrocher l'emploi qu'il vise ?

Il s'obstine sur la voie de l'arrivisme. Pendant ses quatre années d'études, il travaille à se constituer un curriculum vitae impressionnant : il fonde une association étudiante, en préside une autre, fait du bénévolat dans un centre d'accueil pour sans-abri et participe aux championnats interuniversités. Il sélectionne avec soin les cours auxquels il s'inscrit, mais les suit parce qu'ils feront bien sur son CV, non parce qu'ils l'intéressent.

Timon passe quand même de bons moments ici et là, surtout après avoir rendu un devoir ou passé un examen : il se sent alors soulagé d'un grand poids. Ces intermèdes agréables sont de courte durée ; le travail recommence vite à s'accumuler, et avec lui l'angoisse.

Lors de sa dernière année d'université, au printemps, Timon se voit offrir un poste dans un cabinet juridique prestigieux. Il l'accepte avec joie. « Enfin, se dit-il, je vais pouvoir profiter de la vie. » Mais il réalise rapidement qu'il n'apprécie pas ses quatre-vingts heures de travail hebdomadaire... Une fois de plus, il songe qu'il faut faire des sacrifices temporaires, jusqu'à ce que sa carrière soit bien établie. De temps à autre, il a des satisfactions, notamment quand il bénéficie d'une augmentation, perçoit une grosse prime ou se rend compte que les autres sont impressionnés par son titre ronflant. Néanmoins, la sensation d'accomplissement s'évanouit et il se remet péniblement à son travail sans intérêt.

Après des années de dur labeur et d'heures supplémentaires à n'en plus finir, on lui propose de devenir l'un des associés du cabinet. Il se rappelle vaguement avoir pensé, jadis, que cette évolution de carrière l'emplirait de satisfaction, mais il n'en ressent pas la moindre.

À l'université, Timon était parmi les meilleurs étudiants de sa promotion ; il est désormais associé dans une étude qui a pignon sur rue. Il habite avec sa famille formidable une vaste maison dans un quartier très résidentiel. Il conduit une voiture luxueuse, et dispose de plus d'argent qu'il ne peut en dépenser. Mais Timon n'est pas heureux.

Pourtant, les autres voient en lui le type même de l'homme qui a réussi. Des parents le citent en exemple : s'ils travaillent bien, leurs enfants finiront comme lui. Ces enfants-là, il les plaint – mais il n'arrive pas à imaginer quelle pourrait être l'alternative à ce carriérisme, cet arrivisme qui le caractérise en tant que fonceur. Il ne sait même pas quoi dire à sa propre progéniture : de ne pas s'échiner au collège, puis au lycée ? Ne pas intégrer une bonne université, une grande école ? Ne pas décrocher un emploi rémunérateur ? Réussir, cela signifie-t-il à tous les coups être malheureux ?

Timon fait partie des fonceurs malheureux, mais il importe de préciser que bien des hommes d'affaires adorent s'immerger quatre-vingts heures par semaine dans leur job. Travailler d'arrache-pied, se fixer des objectifs ambitieux ce n'est pas forcément être un arriviste ; il existe des gens très heureux qui accumulent les heures supplémentaires et s'adonnent corps et âme à leurs études ou à leur métier. Ce qui singularise les fonceurs, c'est qu'ils sont incapables de prendre plaisir à ce qu'ils font – et croient constamment qu'ils seront heureux le jour où ils atteindront un objectif donné.

Je tiens à préciser également que les cadres supérieurs ne sont pas les seuls fonceurs en puissance. Chez les médecins aussi, on peut trouver un tel comportement et une telle vision des choses ; une étudiante, par exemple, pourra se sentir obligée d'intégrer la meilleure faculté de médecine, choisir ensuite la spécialité la plus recherchée, puis vouloir devenir chef de clinique et ainsi de suite. Sans parler du peintre qui se consacre entièrement à son art sans être capable d'en retirer le plaisir des débuts parce qu'il a une seule idée en tête : décrocher tel ou tel prix et ainsi réussir à « percer » pour être enfin heureux.

S'il y a tant de fonceurs autour de nous, c'est que notre société renforce ce comportement. Si l'enfant rapporte un bon carnet de notes à la fin du trimestre, ses parents lui offrent un cadeau. Au travail, lorsqu'on atteint ses objectifs, on reçoit une prime en fin d'année. Nous apprenons à nous concentrer en permanence sur un but futur, et non sur le présent, et toute notre vie nous courons après un avenir qui toujours nous échappe. La gratification ne vient pas couronner le plaisir que nous avons pris au voyage en lui-même, mais le fait que nous l'ayons mené à son terme. La société récompense le résultat, et non le processus, l'arrivée, et non le parcours.

Quand nous parvenons à destination, quand nous atteignons notre but, nous prenons, à tort, le soulagement que nous éprouvons pour du bonheur. Plus le fardeau a été lourd, plus le soulagement est fort et plaisant. Mais, en confondant ces moments d'apaisement avec le bonheur, nous renforçons l'illusion selon laquelle il suffit d'atteindre un but donné pour être heureux. Le soulagement n'est certes pas dénué de valeur – c'est une expérience agréable, et réelle –, mais il ne faut pas le confondre avec le bonheur véritable.

On peut même le considérer comme du *bonheur en négatif*, puisqu'il naît du déni du stress ou de l'angoisse. Par sa nature même, il présuppose un vécu négatif ; comment pourrait-il alors déboucher sur le bonheur à long terme ? Quand on se trouve enfin soulagé après une violente migraine, on est heureux d'être libéré de la douleur, mais puisqu'un tel « bonheur » avait cette douleur pour condition première, l'absence de souffrance n'est qu'un soulagement temporaire par rapport à l'expérience négative qu'on vient de vivre.

Car le soulagement aussi est éphémère. Quand le mal de tête s'évanouit, on en retire un plaisir certain, mais très vite on s'adapte et on estime à nouveau normal le bien-être retrouvé.

En confondant soulagement et bonheur, le fonceur continue à courir après les buts qu'il s'est fixés comme si le simple fait de les atteindre un jour était la condition de son bonheur.

PAUSE

Avez-vous parfois l'impression de faire partie des fonceurs ? Observez votre vie de l'extérieur ; quel conseil vous donneriez-vous ?

LE « VIVEUR »

On l'a vu, les viveurs recherchent le plaisir et fuient les tourments. Ils ne pensent qu'à satisfaire leurs désirs en n'envisageant pas, ou en envisageant peu, les conséquences à long terme. Pour être comblés, il leur suffit d'enchaîner les plaisirs, et leur vie se résume à cela. Telle expérience les satisfait dans l'instant ? C'est une raison suffisante pour la vivre jusqu'à ce qu'une autre aspiration ait le même effet. Ils nouent des liens amicaux ou amoureux avec ardeur, mais, quand la nouveauté s'estompe, ils passent aussitôt à la personne suivante. Étant donné qu'ils se concentrent uniquement sur le présent, les viveurs sont capables de comportements potentiellement préjudiciables si ceux-ci leur procurent une gratification immédiate. S'ils aiment se droguer, par exemple, ils ne s'en priveront pas ; s'ils répugnent à travailler, ils s'en abstiendront.

Là où le viveur se fourvoie, c'est en considérant qu'effort égale souffrance et plaisir égale bonheur. Grave erreur qu'illustre bien un vieil épisode du feuilleton télévisé *La Quatrième Dimension* : un malfaiteur sans scrupules abattu par la police arrive devant un ange prêt à lui accorder ses moindres vœux. Tout à fait conscient d'avoir commis des crimes sa vie durant, il a du mal à croire qu'il puisse se retrouver au paradis. Malgré sa stupéfaction initiale, il accepte sa bonne fortune et dresse la liste de ses desiderata : il réclame une somme d'argent extravagante et l'obtient. Il exige ses mets préférés et on les lui sert. Il demande de jolies femmes et elles apparaissent devant lui. Décidément, la vie (après la mort) ne pourrait se présenter sous de meilleurs auspices.

Toutefois, à mesure que le temps passe, le plaisir qu'il retire des luxes qu'il s'offre commence à décroître ; le fait que tout lui soit donné sans qu'il ait d'efforts à fournir devient lassant. Alors il demande à l'ange une tâche à sa mesure, et s'entend répondre qu'en ce lieu il peut avoir tout ce qu'il désire sauf la possibilité, justement, de travailler pour l'obtenir.

Sans épreuve à laquelle se mesurer, notre criminel est de plus en plus mal dans sa peau. Enfin, désespéré, il dit à l'ange qu'il veut aller « de l'autre côté ». En enfer, donc, puisqu'il se croit au paradis. À ce moment-là la caméra zoome sur l'ange. Ses traits fins affichent maintenant une expression sournoise et menaçante, et il répond avec un rire diabolique : « De l'autre côté, *vous y êtes.* »

Tel est l'enfer que le viveur prend pour le paradis. Sans but à long terme, sans défi à surmonter, la vie perd son sens ; nous ne pouvons pas trouver le bonheur en nous bornant à rechercher le plaisir et à fuir les désagréments. Ce qui n'empêche pas l'éternel viveur qui vit en chacun de nous (et appelle de ses vœux un éden d'une espèce ou d'une autre) de faire l'amalgame entre effort et douleur d'un côté, oisiveté et plaisir de l'autre.

Lors d'une expérience basée sur la même idée que l'épisode de *La Quatrième Dimension*, des psychologues ont payé des étudiants à ne rien faire ; on pourvoyait à leurs besoins et ils n'avaient pas le droit de travailler. Au bout de quatre à huit heures, ces étudiants se sont sentis mal à l'aise, alors qu'ils gagnaient bien plus d'argent que s'ils avaient occupé n'importe quel emploi. Il leur fallait des stimuli, des enjeux ; pour finir, ils ont choisi de quitter cette sinécure bien payée pour un boulot qui était non seulement plus exigeant, mais aussi financièrement moins intéressant.

En 1996, j'ai animé un séminaire de management pour des cadres sud-africains qui avaient activement combattu l'apartheid. Ils m'ont raconté qu'à l'époque de cette lutte ils étaient motivés, ils avaient un but défini ; leur vie était difficile, voire dangereuse, mais elle recelait un enjeu, quelque chose de motivant.

À l'abolition de l'apartheid, les célébrations ont duré des mois. Mais, quand l'euphorie est retombée, beaucoup de gens qui s'étaient engagés dans ce combat ont commencé à s'ennuyer, ressentir un vide, voire sombrer dans la dépression. Bien entendu, ils ne souhaitaient nullement le retour à l'apartheid et aux temps où ils appartenaient à une majorité opprimée ; mais aujourd'hui, alors qu'ils n'avaient plus de cause à défendre avec ardeur, il leur manquait quelque chose. Quelques-uns ont retrouvé un sens à leur vie en s'investissant dans leur famille ; d'autres, dans leur communauté, leur travail ou leur passe-temps. Cependant, des années plus tard, certains cherchaient encore en vain un but à poursuivre.

Selon Mihaly Csikszentmihalyi, dont les travaux portent essentiellement sur « la performance et l'expérience optimales », les meilleurs moments surviennent en général quand le corps ou l'esprit atteint ses limites dans un effort délibéré pour réaliser une tâche difficile mais méritoire. L'existence du viveur, sans combat, n'est pas une garantie de bonheur. Comme le fait remarquer John Gardner, ex-ministre américain de la Santé, de l'Éducation et de la Protection sociale : « Nous sommes conçus pour progresser et non pour prendre nos aises, que ce soit dans les creux de vague ou dans les périodes fastes. »

Mais revenons à notre Timon qui, n'ayant pas réussi à atteindre le bonheur en poursuivant un but après l'autre, décide de vivre dans le présent. Il s'autorise à boire et se droguer, et se paie le luxe de liaisons purement hédonistes. Il s'absente souvent de son travail, se dore au soleil pendant des heures, et savoure la béatitude de ceux qui vivent sans but et n'ont pas à se préoccuper du lendemain. Pendant quelque temps, il se croit heureux, mais, tel le criminel de *La Quatrième Dimension*, il ne tarde pas à s'ennuyer et à se sentir malheureux.

PAUSE

Repensez à un moment de votre vie – une occasion unique ou une période prolongée – où vous avez vécu en hédoniste. Quel a été le prix à payer ? Le bénéfice ?

LE « DÉFAITISTE »

Dans le contexte de cet ouvrage, le nihiliste, ou défaitiste, est celui qui a renoncé au bonheur et s'est peu à peu *résigné* à croire que la vie n'a pas de sens. Si le fonceur correspond à l'individu qui vit pour et dans l'avenir et le viveur à celui qui vit seulement dans le présent, alors le « défaitiste » décrit le sort des prisonniers du passé – ceux qui, résignés à leur malheur présent et n'attendant rien de mieux de l'avenir, sont enchaînés à leurs échecs antérieurs dans leur quête du bonheur.

Cette sujétion aux fiascos passés a été qualifiée par Martin Seligman d'« impuissance acquise ». Afin d'étudier le phénomène, Seligman a réparti pour une expérience un certain nombre de chiens en trois groupes. Les animaux du premier groupe subissaient des chocs électriques qu'ils pouvaient stopper en appuyant sur une pédale. Ceux du deuxième recevaient des chocs constants quelle que soit leur réaction, et le troisième groupe – le groupe témoin – ne prenait aucune décharge.

Tous les chiens furent ensuite placés dans des boxes dont ils pouvaient s'échapper en sautant par-dessus une barrière peu élevée. Ceux du premier groupe (qui avaient eu la possibilité d'arrêter les décharges) et du troisième (qui n'en avaient pas subi) sautèrent aussitôt et s'enfuirent. Les chiens du deuxième groupe, qui n'avaient rien pu faire pour éviter les décharges au début de l'expérience, ne firent aucun effort pour s'échapper. Ils restèrent simplement à gémir dans leur box et à endurer les chocs. Ils avaient appris l'impuissance.

Au cours d'une expérience similaire, Seligman fit entendre à un ensemble de personnes un son tonitruant et désagréable. Une partie d'entre elles pouvait agir sur ce son, l'arrêter, mais pas l'autre. Plus tard, les deux groupes furent soumis à un bruit assourdissant qu'ils pouvaient couper s'ils le voulaient ; les individus du second groupe n'essayèrent même pas – ils s'étaient résignés à leur sort.

Ces travaux montrent avec quelle facilité nous apprenons l'impuissance. Quand nous ne parvenons pas au résultat désiré, nous en déduisons que nous n'avons aucun contrôle sur notre vie – du moins sur certains de ses aspects. Ce raisonnement conduit au désespoir.

Malheureux dans le rôle du fonceur, tout aussi mal à l'aise en viveur et ignorant qu'il existe d'autres options, un Timon se résigne au malheur et devient défaitiste. Mais pour ce qui est de ses enfants ? S'il ne leur souhaite évidemment pas une vie de « désespoir tranquille », il ne voit pas comment les guider. Doit-il leur apprendre à endurer la souffrance présente afin d'atteindre le but recherché ? Impossible, puisqu'il connaît les affres de l'arrivisme ! Vaut-il mieux leur dire de vivre simplement dans le présent ? Sachant bien à quel point l'existence de l'hédoniste est creuse, il en est tout aussi incapable.

PAUSE

Repensez à un moment de votre vie – une occasion unique ou une période prolongée – où vous vous êtes comporté en défaitiste, incapable de voir plus loin que votre malheur présent ? Si vous aviez pu observer la situation de l'extérieur, quel conseil vous seriez-vous donné ?

Fonceur, viveur et défaitiste sont coupables au même titre, quoique de manière différente : leur raisonnement est aberrant, ils font une lecture erronée de la réalité, de la véritable nature du bonheur et de la démarche nécessaire pour mener une existence épanouissante. Le fonceur commet l'erreur de croire qu'on conserve le bonheur en réalisant un objectif donné – c'est l'« aberration de l'aboutissement ». Le viveur tient un raisonnement tout aussi inexact en croyant qu'on parvient au bonheur par l'enchaînement de plaisirs éphémères, sans but à long terme – c'est l'« aberration du moment flottant ». Le défaitiste adopte également une ligne de conduite illogique, fondée sur une mauvaise lecture du réel : il croit à tort que, quoi qu'il fasse, il ne pourra jamais atteindre le bonheur. Cette aberration-là provient de l'inaptitude à percevoir une synthèse entre « aboutissement » et « moments flottants » – une troisième voie qui pourtant, dans notre malheur, peut nous procurer une issue.

LE « BIENHEUREUX »

Une de mes étudiantes à Harvard est venue me trouver un jour, après avoir été recrutée par un prestigieux cabinet juridique. Le travail en lui-même ne l'intéressait guère, mais il ne lui semblait pas raisonnable de laisser passer une telle occasion. Elle avait reçu des propositions d'autres cabinets, notamment pour des postes correspondant mieux à ses goûts, mais aucune qui lui assurerait un « aussi bon départ dans la vie professionnelle ». Elle me demandait à quel moment de sa vie – à quel âge, donc – elle pourrait cesser de raisonner par rapport à l'avenir et penser enfin à être heureuse.

Je n'ai pas voulu répondre à cette question qui sous-entendait de faire un choix. Je lui ai dit qu'au lieu de se demander : « Faut-il que je sois heureuse maintenant ou plus tard ? », elle ferait mieux de raisonner en ces termes : « Comment faire pour être heureuse maintenant *et* plus tard ? »

Les bénéfices immédiat et futur sont parfois contradictoires : certaines situations exigent qu'on renonce à l'un pour garantir l'autre ; mais la plupart du temps il est possible de concilier les deux. Par exemple, les étudiants qui aiment sincèrement apprendre en tirent un bénéfice instantané – le plaisir que leur procure la découverte d'idées nouvelles – et un bénéfice futur grâce à l'incidence que ces idées auront sur leur carrière à venir. Dans le domaine sentimental, on peut chérir le temps qu'on passe avec l'élu(e) de son cœur tout en l'aidant à progresser, à s'épanouir. Ceux qui exercent une profession qu'ils aiment – que ce soit dans les affaires, la médecine ou l'art – peuvent avancer tout en savourant non seulement le but à atteindre, mais aussi le chemin qui y mène.

En revanche, escompter le bonheur *permanent*, c'est s'exposer à l'échec et à la désillusion. On ne saurait bénéficier de tout ce que l'on fait à court et long terme. Il est parfois rentable de sacrifier le bénéfice présent, et il est évident qu'aucune existence n'est à l'abri de tâches sans intérêt. Préparer ses examens, économiser, assurer de longues gardes à l'hôpital quand on est interne, rien de tout cela n'est très plaisant... Mais, à terme, cela peut nous aider à atteindre le bonheur. L'essentiel étant – quand on fait passer le présent après l'avenir si c'est dans notre intérêt – de ne jamais oublier le but qu'on s'est donné : se consacrer le plus possible à ce qui nous assure un bénéfice *à la fois* présent et futur.

De temps à autre, l'existence du viveur est pourvue de côtés positifs. Tant qu'on n'encourt pas de conséquences négatives à long terme (comme dans le cas de la toxicomanie, par exemple), le fait de se consacrer uniquement au présent peut avoir un effet revigorant. À doses modérées, la détente, la futilité passagère, le sentiment de bien-être qu'on ressent à paresser sur la plage, à manger un hamburger suivi d'une grosse glace nappée de caramel ou à regarder la télévision peut aussi nous rendre plus heureux.

PAUSE

Repensez à une ou plusieurs occasions où vous avez pu conjuguer un bénéfice présent et à venir.

L'illusion du fonceur est de croire que le bonheur durable viendra quand il aura atteint sa destination. Celle du viveur, de n'accorder d'importance qu'au chemin. Quant au défaitiste, ayant renoncé tant au but qu'au parcours, c'est un déçu de la vie. Le premier devient l'esclave de l'avenir, le deuxième celui du moment, et le troisième celui du passé.

Pour atteindre le bonheur à long terme, il faut savourer le voyage vers une destination d'élection. Le bonheur, ce n'est ni parvenir au sommet de la montagne, ni escalader ses pentes sans but, mais *vivre l'expérience de l'ascension.*

EXERCICES

Les quatre quadrants

Les recherches portant sur les sujets qui tiennent un journal intime montrent que les expériences négatives ont le même effet stimulant sur la santé mentale et sur la santé tout court[1].

Quatre jours de suite, passez au moins un quart d'heure à consigner par écrit ce que vous avez vécu dans chacun des quatre quadrants présentés plus haut. Évoquez une occasion où vous avez agi en fonceur, en viveur et en défaitiste. Le dernier jour, décrivez un moment de votre vie où vous avez été heureux. Si vous vous sentez plus enclin à raconter un épisode survenu dans tel quadrant plutôt que tel autre, libre à vous, mais ne le faites pas plus d'une fois par jour. Ne vous souciez ni de grammaire ni d'orthographe – écrivez, c'est tout. Attachez-vous à dépeindre les *émotions* que vous avez ressenties (ou que vous ressentez) sur le moment, les *comportements* spécifiques que vous avez adoptés (c'est-à-dire ce que vous avez fait à ce moment-là), et les *pensées* qui vous sont venues, ou qui vous viennent en écrivant[2].

Quelques instructions pour chacun des quatre quadrants :

- *Fonceur* : Racontez en détail une époque de votre vie où vous avez eu l'impression de courir tout en faisant du surplace en ne songeant qu'à l'avenir. Demandez-vous pourquoi. Quels ont été les bénéfices, s'il y en a eu ? Le prix à payer, le cas échéant ?

---

1. *Cf.* J. W. Pennebaker, *Opening Up* (*S'ouvrir aux autres*), The Guilford Press, 1997, *cf.* aussi Burton C. M. et L. A. King, *The Health Benefits of Writing About Intensely Positive Experiences* [*Conséquences positives de la consignation des expériences très bénéfiques*] dans *Journal of Research in Personality,* n° 38, pp. 150-163, 2004. Outre *Opening Up,* d'autres ouvrages peuvent vous conduire à tenir un Journal, notamment *Le Journal intime intensif* d'Ira Progoff, Éditions de l'Homme, 1992 et *L'Auto-analyse* de Karen Horney, trad. D. Maroger Stock, 1953.

2. Ce qu'on appelle en anglais l'« ABC » (c'est-à-dire le b.a.-ba, en français) de la psychologie : *affects* (émotions), *behaviors* (comportements) et *cognitions* (pensées). Pour bénéficier du changement à long terme, il est nécessaire de combiner les trois.

- *Viveur* : Décrivez une période de votre existence où vous avez adopté un comportement de viveur ou connu des expériences hédonistes. Quels ont été les bénéfices, s'il y en a eu ? Le prix à payer, le cas échéant ?
  - *Défaitiste* : Racontez une phase particulièrement pénible durant laquelle vous vous êtes senti nihiliste, résigné, ou une période plus longue pendant laquelle vous vous êtes senti désarmé. Décrivez ce que vous avez éprouvé au plus profond de vous-même, quelles ont été vos émotions alors ainsi que celles qui vous viennent en écrivant.
  - *Bienheureux* : Rappelez-vous une époque ou un instant de bonheur suprême. Essayez, en imagination, de faire un retour dans le passé et efforcez-vous de revivre les émotions ressenties à cette occasion ; mettez-les par écrit.
  Ce que vous écrivez, au moment où vous l'écrivez, n'est destiné qu'à vous. Si ensuite vous décidez de le montrer à un proche, libre à vous, là encore, mais il ne faut pas que cela induise une inhibition. Plus vous serez sincère, plus le bénéfice sera grand.
  Répétez l'exercice au moins deux fois pour le quadrant « Défaitisme » et le quadrant « Bonheur ». Vous pouvez évoquer les mêmes expériences ou des expériences différentes. Répétez périodiquement l'exercice entier, tous les trois mois, par exemple, ou une fois par an, ou tous les deux ans.

Méditer sur le bonheur

Les travaux de chercheurs tels que Herbert Benson, Jon Kabat-Zinn et Richard Davidson révèlent les effets en profondeur de la méditation régulière.
Méditez ! Trouvez un endroit tranquille. Asseyez-vous sur une chaise, ou par terre en tailleur. Mettez-vous à

l'aise, le dos et la nuque bien droits. Fermez les yeux ou pas.

Calmez-vous peu à peu en respirant profondément par le nez ou la bouche, emplissez toute votre cage thoracique à chaque inspiration et expirez avec lenteur, là aussi par le nez ou par la bouche.

Passez mentalement en revue votre propre corps. Si tel ou tel endroit vous paraît contracté, orientez votre respiration vers cette région afin de provoquer sa relaxation. Puis, pendant au moins cinq minutes (et jusqu'à vingt si nécessaire), concentrez-vous sur votre respiration, lente et profonde. Si vous vous laissez distraire, recommencez.

Sans cesser d'inspirer et d'expirer longuement, concentrez-vous à présent sur une émotion positive. Revivez une circonstance particulièrement heureuse, un moment passé avec un être cher, ou un succès remporté dans votre travail. Consacrez entre trente secondes et cinq minutes à revivre ces sentiments positifs et laissez-vous envahir par eux. Vous n'aurez peut-être pas besoin de vous représenter un événement précis, surtout si vous vous livrez fréquemment à cet exercice ; vous allez acquérir la faculté de susciter des émotions positives rien qu'en pensant aux mots *bonheur, sérénité, joie.*

De cet exercice de méditation, faites un rituel. Réservez-lui entre dix minutes et une heure par jour – le matin au réveil, pendant votre heure de déjeuner, dans l'après-midi. Quand cette pratique sera devenue régulière, vous percevrez certains effets positifs de la méditation en une ou deux minutes à peine. Chaque fois que vous vous sentirez tendu ou contrarié, ou que vous aurez simplement envie d'un peu de calme ou de joie, au prix de quelques profondes inspirations vous obtiendrez une bouffée de sentiments positifs. Dans l'idéal, il faut un endroit tranquille, mais on peut aussi se livrer à cet exercice dans un train, un taxi ou à son bureau.

3

Le bonheur expliqué

> *Le bonheur est le principe et la raison d'être de la vie, le but et la finalité suprêmes de l'existence humaine.*
>
> ARISTOTE

On connaît l'insatiable curiosité des enfants. Une fois qu'ils commencent à s'interroger sur tel ou tel aspect du monde qui les entoure, constante source d'émerveillement, ils ne lâchent plus le morceau. Pourquoi il pleut ? Pourquoi l'eau monte vers le ciel ? Pourquoi l'eau se transforme en gaz ? Comment ça se fait que les nuages ne tombent pas ? Qu'on leur réponde ou non importe peu. Cet inlassable questionnement suit la logique du « pourquoi récursif à l'infini » : quelle que soit la réponse, l'enfant enchaînera avec un nouveau « pourquoi ? ».

Toutefois, il existe une question qui permet aux adultes de mettre fin au bombardement sans se sentir trop coupables ni avoir l'impression qu'ils ne sont pas à la hauteur. Cette question, c'est : « Pourquoi veux-tu être heureux ? » Quand on se demande pourquoi on désire telle ou telle chose (autre que le bonheur), on peut toujours en remettre en question la valeur avec un nouveau « pourquoi ? ». Par exemple : « Pourquoi suivre un entraînement aussi intensif ? », « Pourquoi tenir autant à décrocher ce trophée ? », « Pourquoi vouloir être riche et célèbre ? », « Pourquoi désirer une voiture de luxe, une promotion, une année sabbatique ? »

Quand la question est : « Pourquoi veux-tu être heureux ? », la réponse est simple et sans ambiguïté. Nous recherchons le bonheur parce que telle est notre nature. Lorsque la réponse est : « Parce que ça me rendrait heureux », rien ne saurait remettre en cause la validité, l'évidence de la réaction. Le bonheur occupe la première place dans la hiérarchie de nos préoccupations, la fin vers laquelle tendent tous les moyens.

Le philosophe anglais Hume prétendait que « la grande fin de toute activité laborieuse de l'homme, c'est d'atteindre le bonheur. Dans ce but, les arts furent inventés, les sciences cultivées, les lois ordonnées et les sociétés modelées par la plus profonde sagesse des patriotes et des législateurs[1] ». La prospérité, la célébrité, l'admiration d'autrui, tous les objectifs qu'on peut se fixer sont subordonnés à l'accession au bonheur ; par rapport à lui, ils sont secondaires. Que nos aspirations soient matérielles ou sociales, ce ne sont que des *moyens* visant une seule fin : le bonheur.

---

1. « Essai sur le stoïcien », trad. Ph. Folliot.
http://classiques.uqac.ca/classiques/Hume_david/essai_sur_le_stoicien/essai_sur_le_stoicien.html

PAUSE

Pratiquez l'exercice du « pourquoi récursif à l'infini » en pensant aux choses que vous désirez – une maison plus grande, une promotion au travail, et ainsi de suite. Notez combien de « pourquoi ? » il vous faut pour atteindre le bonheur.

Si vous n'êtes pas persuadé que le bonheur doit être recherché parce qu'il est le but suprême, sachez que d'abondantes recherches le montrent aussi comme un moyen d'atteindre un niveau supérieur de réussite globale. Dans une recension des travaux portant sur le bien-être, les psychologues Sonja Lyubomirsky, Laura King et Ed Diener remarquent : « Nombre d'études mettent en évidence le fait que les individus heureux réussissent dans maints domaines – qu'il s'agisse de leur couple, de leurs relations amicales, de leurs revenus, de leur compétence professionnelle ou de leur santé. » Les recherches établissent que le lien entre bonheur et réussite est bilatéral : non seulement la réussite (professionnelle ou amoureuse) contribue au bonheur, mais le bonheur augmente les chances de réussir.

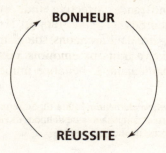

Toutes choses étant égales par ailleurs, les gens heureux ont moins de problèmes relationnels et plus de chances de s'épanouir dans leur travail ; en outre, ils vivent mieux et plus longtemps. Le bonheur est une quête légitime, tant comme fin en soi que comme moyen de parvenir à d'autres fins.

LE BONHEUR, C'EST...

Alors qu'on croit avoir enfin assouvi la curiosité d'un petit garçon ou d'une petite fille, le ou la voilà qui invente une nouvelle ruse. Du « Pourquoi ? » récursif à l'infini, l'enfant dévie vers le « C'est quoi ? » et le « Comment on fait ? » récursifs à l'infini. Les questions telles que « C'est quoi le bonheur ? » et « Comment on fait pour être heureux ? » exigent des réponses plus élaborées.

Ma propre définition du bonheur est « la sensation globale de plaisir chargé de sens[1] ». L'individu heureux éprouve des sentiments positifs tout en trouvant une raison d'être à son existence. Cette formulation ne s'applique pas à un instant précis, mais à la somme agrégée des expériences d'une vie entière à un moment donné : on peut, on l'a vu, connaître des phases de souffrance affective tout en demeurant globalement heureux.

Ce pourrait être là l'archétype de notre « bienheureux ». Le plaisir a trait aux émotions positives vécues dans l'ici et maintenant, le bénéfice immédiat ; le sens

---

1. Dans *Le Bonheur authentique,* Martin Seligman définit ce que sont pour lui les trois composantes du bonheur : le sens, le plaisir et l'investissement personnel.

vient de l'impression de savoir où l'on va, de prévoir le bénéfice différé de nos actes.

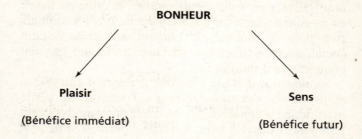

LE PLAISIR

Naturellement, les sentiments jouent un rôle primordial dans toutes nos entreprises, y compris la recherche du bonheur. Il nous est pratiquement impossible d'imaginer une existence sans émotions. Prenons l'exemple d'un robot, dépourvu d'affects mais possédant par ailleurs exactement les caractéristiques physiques et cognitives d'un humain ; il raisonne et se comporte de la même façon, se montre capable de débattre de questions philosophiques de haute volée et de suivre des raisonnements complexes ; de plus, il s'acquitte de travaux pénibles et sait même construire des gratte-ciel.

Si élaboré que soit ce robot, toutefois, il lui manque la motivation nécessaire pour passer à l'action. En effet, les pulsions les plus élémentaires reposent sur les émotions – justement ce dont il ne dispose pas. Il ne peut prendre plaisir à manger, ni seulement ressentir le besoin de s'alimenter. Il ne se mettra donc pas en quête de nourriture ; or, comme il est doté d'un métabolisme semblable au nôtre, il mourra bientôt de faim.

Même en admettant que ce robot ait été programmé pour manger et boire régulièrement, et donc qu'il soit en mesure de survivre matériellement, il n'y a toujours rien pour le motiver, le pousser à l'action : statut social, aisance financière ou coup de foudre lui sont complètement indifférents.

S'émouvoir, c'est *se mouvoir.* L'*émotion* entraîne la *motivation* – l'étymologie même contient une vérité essentielle : s'émouvoir, se mouvoir et se motiver sont intimement liés. En latin, le verbe *movere* signifie « se mouvoir », le préfixe français « é » impliquant une notion d'éloignement. « Motif », « motivation » et leurs dérivés viennent du mot latin *motivum,* « cause de mouvement ». Les émotions nous *éloignent* de l'état de non-désir en nous donnant une motivation pour agir.

Le neurologue Antonio Damasio rapporte un cas particulièrement éclairant à propos de ce lien entre émotion et motivation. Après avoir subi l'ablation d'une tumeur cérébrale, un de ses patients, Eliot, avait récupéré toutes ses facultés cognitives (mémoire, aptitudes mathématiques, capacités sensorielles et linguistiques). Mais la région du lobe frontal liée à la faculté d'éprouver des émotions avait été lésée durant l'opération. Eliot se retrouvait dans la même situation que notre robot privé d'émotions : il possédait les caractéristiques physiques et cognitives des êtres humains, mais le système « responsable des sentiments et émotions » avait souffert.

Dès lors, la vie d'Eliot changea du tout au tout. Avant l'intervention, c'était un juriste reconnu, heureux en ménage ; après, alors que son cerveau

« rationnel » était intact, il adopta des comportements insupportables pour son entourage, à tel point que son épouse le quitta, qu'il perdit son emploi et ne put jamais plus en conserver d'autre. Le plus frappant, dans cette triste situation, était son apathie, son manque de réaction ; il ne se souciait plus ni de sa vie sentimentale ni de sa carrière.

Si nous étions dépourvus d'émotions, donc de motivation, nous n'aurions aucune aspiration. Nous resterions indifférents face à nos actes, nos pensées et leurs conséquences. Étant à la base de la motivation, l'émotion joue naturellement un rôle crucial dans notre désir de rechercher le bonheur.

Cependant, il ne suffit pas d'être capable d'éprouver des sentiments, quels qu'ils soient. Pour être comblé, il nous faut avoir des émotions positives ; si l'on veut connaître l'épanouissement, les plaisirs sont la condition préalable. Selon le psychologue Nathaniel Branden, pour l'homme le plaisir n'est pas un luxe mais un besoin psychologique essentiel. L'absence totale de plaisir et la présence constante de la souffrance affective excluent toute possibilité d'existence heureuse.

Quand je parle de plaisir, je n'entends pas par là un état permanent d'exaltation ou d'extase. Nous passons tous par des hauts et des bas dans notre vie affective. On peut se sentir triste – parce qu'on a perdu quelqu'un ou connu l'échec – et être quand même heureux dans la vie. De fait, le désir irréaliste de l'exaltation continuelle ne peut que conduire à la désillusion, l'impression d'inadéquation – bref, des émotions négatives. Le bonheur ne présuppose pas de vivre dans l'extase, pas plus qu'il ne requiert une succession ininterrompue d'émotions positives[1].

L'individu heureux passe par des hauts et des bas, mais son état global est d'essence positive. La plupart du temps, il est mû par des émotions positives, telles que la joie ou l'affection, plutôt que par des émotions négatives comme la colère et le sentiment de culpabilité. Le plaisir est la règle, la souffrance l'exception. Pour être heureux, il faut être convaincu que, d'une manière générale, malgré les chagrins, les épreuves, les péripéties dont notre route est semée, nous sommes toujours capables de ressentir la joie d'être en vie.

PAUSE

Dressez mentalement la liste des choses – des petits détails aux points importants – qui vous procurent du plaisir.

Mais mener une vie affectivement satisfaisante, est-ce vraiment assez ? Le fait d'éprouver des émotions positives est-il une condition suffisante pour atteindre le bonheur ? Quid des psychotiques en plein délire euphorique ? des consommateurs de psychotropes euphorisants ? des gens qui passent leur temps à paresser sur la plage ? Sont-ils heureux ? La réponse est non. Les sentiments positifs sont nécessaires, mais *non suffisants* pour vivre heureux.

---

[1]. Je développe dans ma troisième méditation (chapitre 11) l'alternance entre périodes d'enthousiasme et phases dépressives, d'une part, et, d'autre part, le sentiment profond de connaître le bonheur.

LE SENS

Dans *Anarchie, État et Utopie*[1], le philosophe Robert Nozick rapporte une expérience de pensée distinguant entre ce que vit l'individu sous euphorisants et le bonheur véritable. Il nous demande d'imaginer une machine qui nous ferait croire que nous avons « écrit un poème magnifique, instauré la paix dans le monde ou réussi à nous faire aimer de l'être aimé », entre autres souhaits. Cette machine nous procurerait la sensation d'être amoureux, et nous ne serions pas capables de faire la différence avec un réel sentiment amoureux. En effet, nous n'aurions pas conscience d'être branchés sur elle ; nous aurions donc vraiment l'impression de passer du temps en compagnie de l'être cher. Nozick pose ensuite la question : si nous en avions la possibilité, ferions-nous le *choix* de rester connecté à la machine jusqu'à la fin de nos jours ? Formulée autrement, la question devient : serions-nous *heureux,* branchés sur la machine *ad vitam aeternam* ?

Pour la plupart d'entre nous, là encore la réponse serait non, non et non. Nous tenons trop aux « choses, outre la *sensation* que nous retirons de notre existence vécue de l'intérieur ». Rares seraient ceux pour qui « seul le ressenti compte ». Nous ne voulons pas seulement nous faire plaisir, mais aussi savoir que la cause de ce plaisir a une existence réelle. J'en conclus que le bonheur ne se résume pas aux émotions positives.

---

1. PUF, coll. Quadrige, 2003. *(N.d.T.)*

Court-circuiter la cause de ces émotions, via une machine ou des psychotropes, reviendrait à vivre dans le mensonge. Si on nous laissait le choix entre 1. avoir la conviction artificiellement créée que nous avons instauré la paix dans le monde et 2. éprouver le sentiment – certes moins fort – d'avoir réellement agi dans l'intérêt d'autrui, nous opterions en général pour la seconde solution. Tout se passe comme s'il y avait en nous un mécanisme intégré exigeant davantage que la sensation immédiate : il faut aussi que la cause ait du *sens* et que nous le sachions. Nous avons besoin de savoir que nos actes ont des répercussions *réelles* dans le monde qui nous entoure ; nous ne pouvons nous contenter de la sensation qu'ils nous procurent.

Sur le plan affectif, les humains ne sont pas si éloignés qu'on le croit des animaux, et, chez les espèces les plus évoluées tels les chimpanzés, les régions cérébrales liées aux affects sont assez semblables aux nôtres. Cela n'est d'ailleurs guère étonnant car sans émotions (ou sans sensations, dans le cas de certains animaux), il n'y aurait pas motivation à agir, donc les organismes vivants ne pourvoiraient pas à leur propre subsistance. Comme le robot sans émotions, ils ne pourraient se mouvoir.

Mais si notre faculté d'éprouver des émotions est comparable à celle d'autres animaux, nous demeurons fondamentalement différents. Et l'un des traits qui nous en distinguent, c'est la capacité de réfléchir à la source, la cause de ces émotions. Nous pouvons revenir en pensée sur nos propres sentiments, idées et actes ; nous pouvons être conscients de notre conscience et de notre vécu.

Par ailleurs, nous sommes capables de spiritualité, contrairement aux animaux, qui ne sauraient doter leurs actions d'une signification transcendant le plaisir ou la douleur qu'elles leur apportent.

Lorsque nous disons que notre vie a un sens, nous désignons souvent par là la nécessité de nous donner une raison d'être ; mais ce que nous ne voyons pas toujours, c'est que pour savoir où l'on va, il ne suffit pas de se fixer simplement des buts. Pour que nous ayons l'impression d'avoir une raison d'être, il faut que ces objectifs soient intrinsèquement chargés de sens, c'est-à-dire signifiants.

On peut désirer sortir major de sa promotion, ou posséder une très grande maison, et continuer à se sentir vide à l'intérieur. Pour mener une existence *signifiante*, nous devons nous inventer un objectif propre revêtant une importance personnelle à nos yeux, et non chercher à atteindre une cible conforme à un modèle dicté par la société. Une fois dotés de cet objectif bien particulier, nous avons le sentiment d'avoir trouvé notre voie. Comme disait George Bernard Shaw, « c'est cela, la joie véritable, dans la vie : être au service d'un *dessein* que l'on considère soi-même comme supérieur ».

Ce sens, cette signification profonde, nous ne les trouvons pas tous dans les mêmes activités. On peut se découvrir une vocation de créateur d'entreprise ou de travailleur social parmi les sans-abri, se sentir appelé à élever des enfants, pratiquer la médecine ou l'ébénisterie. L'important étant de choisir *soi-même* sa raison d'être en accord avec ses valeurs et ses passions personnelles, et non en s'alignant sur ce que l'on attend de nous. Le banquier d'affaires qui trouve du sens et du plaisir dans son métier (et l'exerce donc pour des raisons valables) mène une existence plus spirituelle et épanouissante que le moine entré dans les ordres pour de mauvaises raisons.

IDÉALISME ET RÉALISME

Un jour, j'ai demandé à un ami quelle était sa vocation. Il m'a répondu qu'il ne se représentait pas sa vie en termes de vocation ou de but ultime. « Je ne suis pas un idéaliste, moi, mais un réaliste. »

Les réalistes passent pour des pragmatiques, des gens qui ont les pieds sur terre. Les idéalistes, en revanche, sont considérés comme des rêveurs, des gens qui ont le regard perpétuellement fixé sur l'horizon et consacrent tout leur temps à réfléchir sur leur vocation, leur raison d'être dans la vie.

Pourtant, quand on oppose de façon aussi nette réalisme et idéalisme – quand on vit comme s'il était irréaliste et détaché des contingences d'avoir des rêves et des idéaux –, on établit une dichotomie erronée qui nous freine dans notre évolution. Être idéaliste, c'est être réaliste au sens le plus profond du terme, puisque c'est être fidèle à notre *vraie* nature. Nous sommes ainsi faits que nous avons besoin d'introduire du sens dans notre vie. Sans but ultime, sans vocation, sans idéal, nous ne pouvons réaliser pleinement notre potentiel de félicité. Je ne prétends pas par là que le rêve est préférable à l'action (les deux ont leur importance), mais il est un fait avéré et significatif dont bien des réalistes (le plus souvent des fonceurs) ne tiennent aucun compte : *être idéaliste, c'est être réaliste.*

Un idéaliste ressent une raison d'être qui envahit son existence entière ; mais, pour être heureux, il ne suffit pas de trouver un sens *global* à sa vie au sein du grand tout ; nous avons également besoin de trouver ce sens au niveau du quotidien. Par exemple, en plus de l'objectif général de fonder une famille heureuse ou de consacrer sa vie à la libération des opprimés, il nous faut un but concret lié à ces objectifs : déjeuner avec notre fils ou notre fille, prendre part à une manifestation... Il est souvent difficile de garder le cap quand notre détermination personnelle vise un objectif lointain ; on doit aussi avoir l'impression plus spécifique, plus tangible, qu'on va effectuer une démarche signifiante la semaine prochaine, demain ou tout à l'heure...

PAUSE

Pensez à ce qui met du sens dans votre vie. Qu'est-ce qui pourrait (si ce n'est déjà le cas) donner une raison d'être à votre existence considérée dans son ensemble ? Quelles sont les activités quotidiennes ou hebdomadaires signifiantes pour vous ?

D'après Montaigne, « notre grand et glorieux chef-d'œuvre, c'est vivre à propos ». Avoir une raison d'être, un objectif qui nous fournisse une orientation, voilà qui imprègne de sens nos initiatives individuelles ; on ne se contente plus de percevoir la vie comme un assemblage de pièces disparates : on y distingue le chef-d'œuvre. En ayant un dessein qui englobe tout le reste, on unifie les activités individuelles, de la même manière que, dans une symphonie, le thème crée une unité entre les notes isolées. En elle-même, par elle-même, une note ne veut pas dire grand-chose ; en revanche, elle prend tout son sens – et sa beauté – en intégrant un motif – ou un dessein – fédérateur.

BONHEUR ET POTENTIEL PERSONNEL

En songeant à ce que pourrait être pour nous l'existence la plus signifiante, nous devons également prendre en compte notre potentiel personnel et la manière d'exploiter au mieux nos aptitudes. Les vaches semblent se contenter très bien d'une existence qui se résume à paître ; mais nous, nous ne pouvons être heureux si nous ne vivons que pour satisfaire nos désirs matériels. Notre potentiel inné, en tant qu'êtres humains, nous dicte d'aller au-delà, d'utiliser nos capacités à plein. « Le bonheur véritablement satisfaisant est accompagné par le plein exercice de nos facultés et la pleine réalisation du monde dans lequel nous vivons[1]. »

N'en déduisons pas qu'un homme ou une femme ayant les compétences nécessaires pour devenir le premier personnage de l'État ne puisse accéder au bonheur s'il ou si elle ne devient pas Président(e), ou qu'un individu capable de réussir en affaires ne saurait être heureux qu'en accumulant les millions. Occuper la tête de l'État, devenir millionnaire... ce sont là des manifestations *externes* de notre potentiel personnel. Moi, ce dont je veux parler, c'est de la mesure de potentiel *interne*. Celui qui a les compétences pour être Président peut très bien s'épanouir en devenant spécialiste du sanskrit ancien, et celle qui a tout pour accéder au statut de millionnaire pourra être comblée par une carrière dans le journalisme. Ces individus trouveront

---

1. Dans *La Conquête du bonheur*, ch. 7, 1930, trad. N. Robinot, Payot Rivages, 2001. *(N.d.T.)*

la satisfaction du moment qu'ils sentent *de l'intérieur* qu'ils relèvent des défis, donnent le meilleur d'eux-mêmes et utilisent leurs potentialités à plein[1].

PAUSE

Quels sont les desseins qui vous amèneraient à relever un défi et à utiliser votre potentiel au maximum ?

BONHEUR ET RÉUSSITE

Certains redoutent peut-être que la recherche du sens et des plaisirs avant celle des honneurs et de la réussite matérielle n'ait un coût : la réussite. Si, par exemple, tel élève ne se sent plus aussi motivé par l'obtention de bonnes notes et la perspective d'intégrer un établissement d'enseignement supérieur réputé, n'est-il pas logique qu'il cesse de s'investir dans son travail scolaire ? Si les employés de telle firme ne sont plus principalement mus par la promotion, l'augmentation en vue, passeront-ils moins de temps au bureau ?

J'ai ressenti les mêmes doutes quant à ma propre réussite en amorçant mon virage vers l'archétype bienheureux. La recette « On n'a rien sans rien » avait jusque-là bien fonctionné pour moi en termes de réussite quantifiable, et je craignais que ma détermination ne faiblisse – que l'objectif suivant dans mon parcours perde de son intérêt et ne me motive plus autant que pendant ma période fonceur. Or, il s'est passé exactement l'inverse.

---

1. J'évoquerai au chapitre 6 l'importance du défi à relever.

En se détournant du carriérisme pour s'engager dans la recherche du bonheur, on ne se met pas à travailler moins ou avec moins d'ardeur, mais au contraire à travailler tout autant, voire plus, en se consacrant aux « bonnes » activités – celles qui sont source de bénéfice à la fois immédiat et à venir. De la même manière, passer de l'hédonisme à la poursuite du bonheur n'implique pas d'avoir moins de bons moments ; la différence, c'est que, vécus par quelqu'un d'heureux, ceux-ci sont durables, tandis que chez le viveur ils restent éphémères. Le bienheureux remet en question la formule « On n'a rien sans rien » car il prend plaisir au processus engagé et, en se consacrant à un dessein auquel il croit, parvient à un meilleur résultat.

LE BESOIN DE SENS ET DE PLAISIR

Tout comme les plaisirs ne sont pas une condition suffisante pour être heureux, on ne peut se contenter d'avoir un but dans la vie. Premièrement, il est très difficile de garder le cap à long terme, indépendamment du sens que nous avons assigné à notre objectif, si l'on ne jouit pas de gratifications affectives dans le présent. La perspective d'un avenir meilleur ne nous motive en général que pendant un laps de temps limité. Deuxièmement, même si on réussit à garder le cap dans le déni de la récompense immédiate, comme le font souvent les fonceurs, ce n'est certainement pas cela qui nous rendra heureux.

Dans *Découvrir un sens à sa vie*[1], Viktor Frankl rapporte les stratégies mises au point par les déportés pour

---

1. Les Éditions de l'Homme, 2006. *(N.d.T.)*

continuer à trouver une signification à l'existence. Car, malgré les abominations matérielles et affectives qu'ils ont endurées dans les camps de concentration, certains sont parvenus à donner un but, une raison d'être à leur existence réduite au strict minimum. Ce pouvait être la perspective de retrouver ceux qu'ils aimaient, ou de mettre un jour par écrit ce qu'ils avaient subi. Toutefois, il serait absurde de laisser entendre que ces déportés ont pu être heureux dans les camps. Pour être heureux, on l'a vu, il ne suffit pas d'introduire du sens dans son vécu. Il faut *vivre* ce sens *et aussi* des émotions positives ; un bénéfice immédiat *et* un bénéfice futur.

Ma théorie du bonheur s'inspire autant de Frankl que de Freud. Le principe de plaisir tel que formulé par ce dernier pose que nous sommes fondamentalement mus par le besoin instinctif de plaisir. Frankl, lui, affirme que nous sommes davantage motivés par un appétit de signification que par le goût pour les plaisirs. D'après lui, « la lutte acharnée liée à la quête du sens est chez l'homme le moteur primordial ». Dans le contexte qui nous préoccupe ici, les deux hypothèses comportent une part de vérité. Car si nous voulons mener une existence heureuse, qui nous comble, nous devons satisfaire à la fois notre aspiration au plaisir et notre besoin de sens[1].

On accuse souvent les Occidentaux, en particulier les Américains, de former une société obsédée par le bonheur : les ouvrages de mieux-être proposant des solutions rapides et faciles et garantissant une exis-

---

1. Une autre façon de décrire le bonheur consiste à supposer qu'il se compose à la fois d'un élément cognitif, estimatif (le sens qu'on attribue à tel ou tel vécu), et d'un élément émotionnel, affectif (l'expérience des plaisirs).

tence sans conflit se vendent comme jamais, et certains psychiatres prescrivent des médicaments au moindre signe d'inconfort affectif. Ces critiques sont justifiées dans une certaine mesure, mais elles se trompent d'obsession en désignant le *plaisir* et non le bonheur.

Le « meilleur des mondes[1] » des solutions rapides et indolores ne prend pas en compte les bénéfices à long terme et ne se préoccupe nullement du besoin de sens. Le bonheur authentique ne peut s'atteindre sans une certaine proportion de malaise affectif et de stades pénibles, que ces ouvrages et ces psychotropes tentent parfois de circonvenir. Mais le bonheur suppose justement la nécessité de surmonter des obstacles. Pour reprendre les termes mêmes de Frankl, « ce dont l'homme a véritablement besoin, ce n'est pas de l'absence de tension mais du combat obstiné pour le but qu'il juge digne de lui. Ce qu'il lui faut, ce n'est pas l'élimination à tout prix de cette tension, mais l'appel d'un sens qui est là en puissance et attend qu'il vienne l'adopter. » Au fil des progrès de la psychiatrie, il est probable que de plus en plus de gens se feront prescrire tel ou tel traitement. Certes, dans bien des cas, l'usage des substances psycho-actives est justifié, nécessaire ; mais ce qui me pose personnellement problème, c'est la facilité avec laquelle elles sont délivrées. Il existe un risque réel que le sens soit évacué par ces médicaments en même temps que le combat ardu qui y mène.

Il ne faut pas oublier non plus que les phases difficiles augmentent la capacité à apprécier les plaisirs ;

---

1. L'expression originale (« *brave new world* ») est le titre de l'ouvrage éponyme d'Aldous Huxley, lui-même inspiré d'un vers de Shakespeare. *(N.d.T.)*

en effet, elles nous épargnent de considérer ces derniers comme un dû, et nous rappellent qu'il faut être reconnaissant pour les petits plaisirs comme pour les grandes joies. Cette gratitude-là peut être *elle-même* source de plaisir et de sens véritables.

Il existe une relation de type synergétique entre plaisir et sens, bénéfice immédiat et bénéfice différé. Quand on retire de ses activités une sensation de dessein signifiant, on intensifie sa faculté de jouir des plaisirs ; or, quand on prend plaisir à telle ou telle activité, on la rend elle-même plus signifiante[1].

PAUSE

Repensez à un moment difficile ou douloureux de votre vie. Quelle(s) leçon(s) en avez-vous tirée(s) ? En quoi cela vous a-t-il fait avancer ?

QUANTITÉ ET QUALITÉ

Nous trouvons tous du sens dans nos activités, qui varient selon les personnes, et nous en retirons tous du bien-être, quoique à des degrés variables. Par exemple, l'écriture me fournit un bénéfice aussi bien immédiat qu'à venir ; en revanche, écrire plus de trois heures par jour m'assomme. Le fait de voir deux films par semaine

---

1. Dans leurs travaux sur les affects positifs et la charge signifiante, Laura King et ses collègues chercheurs ont montré que la bonne humeur peut prédisposer l'individu à l'identification d'un sens à son existence. L. King, J. A. Hicks, J. Krull et A. K. Del Gaiso, *Positive Affect and the Experience of Meaning in Life*, dans *Journal of Personality and Social Psychology*, n° 90, pp. 179-196, 2006.

contribue à mon bonheur, tandis qu'à la longue, si je passe quatre heures par jour devant un écran, je n'en peux plus. Ce n'est pas parce qu'une occupation nous apporte sens et bien-être que nous atteindrons au bonheur en la pratiquant en permanence.

Pour filer la métaphore culinaire au-delà de mon fameux hamburger initial, qu'on me permette d'introduire ici ce que j'ai fini par appeler le « *principe des lasagnes* » – l'idée que notre aptitude à apprécier telle ou telle activité est limitée, et valable pour nous seul. Il se trouve que les lasagnes sont mon plat préféré ; chaque fois que je vais voir mes parents, ma mère m'en prépare un grand plat que je m'empresse d'engloutir. Cela dit, il ne faudrait pas en déduire que je pourrais me bourrer de lasagnes à longueur de journée tous les jours de la semaine. Le même principe s'applique à mes occupations préférées (écrire, regarder des films) et aux personnes que j'aime par-dessus tout. Ma famille est la chose la plus importante, la plus signifiante dans ma vie, mais ça ne veut pas dire que je serais le plus heureux des hommes en passant huit heures par jour avec tous ses membres réunis. Inversement, le fait de ne pas vouloir passer toutes mes heures d'éveil en leur compagnie n'implique pas que je les aime peu. Je prends grand plaisir à côtoyer les autres, et j'y puise beaucoup de sens, mais il me faut aussi ma dose quotidienne de solitude. C'est en identifiant l'activité qui nous convient, puis en en déterminant la juste quantité, qu'on progresse vers une vie meilleure.

La méthode la plus efficace pour maximiser son taux de bonheur est de procéder par tâtonnements en surveillant la qualité de ses expériences intérieures. Malheureusement, il est rare qu'on prenne le temps de se poser la « Grande Question » : on a trop à faire. Pourtant, comme disait Thoreau, « la vie est trop courte pour qu'on soit pressé ». Si on est perpétuellement sur la brèche, on *réagit* aux exigences du quotidien au lieu de se ménager un espace où se *créer* une vie heureuse.

Abraham Maslow soutient qu'on ne peut faire un choix de vie judicieux si l'on n'a pas le cran d'être à tout instant à l'écoute de soi-même. Il importe de prendre ce temps-là, de relever le défi de Maslow, de se poser le type de questions à même de nous aider à choisir en toute connaissance de cause : « Mes activités ont-elles un sens à mes yeux ? », « M'apportent-elles du plaisir ? », « N'y a-t-il pas dans ma tête une petite voix qui me conseille d'employer mon temps autrement ? », « Et si, au fond de mon cœur, je sentais que je dois changer de vie ? » Il faut s'écouter, prêter une oreille attentive à ce que disent le cœur *comme* l'esprit – les émotions *et* la raison.

EXERCICES

Mettre sa vie en tableau

Il est difficile de quantifier sa condition interne, mentale ou émotionnelle ; mais on peut tout de même évaluer la part de bonheur dans sa vie et en déduire un moyen de l'accroître. Par exemple, en consignant par écrit ses activités quotidiennes et en leur décernant une appréciation en fonction de leur potentiel de plaisir et de sens.
Passer en revue, quelques minutes chaque soir, ce qu'on a fait de son temps peut permettre de détecter des motifs récurrents qui ont leur importance. Par exemple, je me rendrai compte que je consacre le plus clair de ma

journée à des occupations qui me vaudront certes un bénéfice différé, mais auxquelles je ne prends aucun plaisir ; que je fais des choses qui ne m'apportent ni sens ni agrément. Il est alors possible de jauger sa vie à l'aune du bonheur et de décider d'y instaurer plus d'expériences plaisantes et signifiantes.

Il existe des principes de base susceptibles de nous guider vers la félicité (notamment découvrir dans sa vie du sens et du plaisir, on l'a vu), mais pas de recette universelle. Il va de soi que les êtres humains sont complexes, composés de multiples facettes, chacun étant un modèle unique ; toute personne est un monde à elle seule. En me focalisant successivement sur mes diverses occupations de la journée, je peux dépasser les principes généraux régissant *telle* vie précise, et déterminer les manques et besoins bien distincts de *ma* vie à moi.

Sur une période d'une ou deux semaines, consignez vos activités quotidiennes. En fin de journée, mettez par écrit votre emploi du temps – une demi-heure à envoyer des e-mails, deux heures à regarder la télévision… Nul besoin de faire un rapport détaillé, minute par minute, mais il faut tout de même que le résultat donne une idée générale de vos journées et de la répartition entre les diverses tâches qui la constituent.

À la fin de la semaine, faites un tableau énumérant vos activités, puis la quantité de temps que vous avez consacrée à chacune, et la quantité de plaisir et de sens qu'elles vous apportent (vous pouvez utiliser une échelle allant de 1 à 5, ce dernier chiffre représentant un taux très élevé de sens ou de plaisir). À côté de la quantité de temps passé, précisez si vous aimeriez en consacrer plus ou moins à l'occupation en question grâce aux signes « + » et « – », voire « ++ » ou « – – ». Si vous jugez la proportion de temps satisfaisante ou si vous ne pouvez rien y changer pour le moment, inscrivez « = » à côté.

Voici un exemple partiel de ce que pourrait donner un tel tableau :

Activité	Sens	Plaisir	Temps/ semaine	
Passer du temps en famille	5	4	2,2 h	+ +
Réunions de travail	4	2	11 h	=
Regarder la télévision	2	3	8,5 h	–

Le miroir de l'honnêteté

Dressez la liste des choses que vous trouvez les plus signifiantes et les plus plaisantes pour vous, celles qui vous rendent le plus heureux. Par exemple, la famille, le sport, la défense des droits de l'homme, écouter de la musique.
À côté de chaque article, dites combien vous consacrez de temps par semaine ou par mois à cette activité. Avec ou sans l'aide du tableau de l'exercice précédent, demandez-vous si vous vivez conformément aux valeurs que vous placez le plus haut. Passez-vous des moments de qualité avec votre conjoint, vos enfants ? Faites-vous de l'exercice trois fois par semaine ? Militez-vous dans une association de défense des droits humains ? Réservez-vous un peu de votre temps pour écouter des disques chez vous ou aller au concert ?
Cet exercice-ci place un miroir face à votre existence et vous aide à savoir s'il y a une cohérence entre vos valeurs sacrées et votre mode de vie. Plus la cohérence est grande, plus le bonheur augmente[1]. Sachant que, bien souvent, on n'a pas conscience des incohérences entre ce

---

1. *Cf.* Nathaniel Branden en ce qui concerne l'impact de la cohérence sur l'estime de soi et le bonheur. N. Branden, *Les Six Clés de la confiance en soi,* 1994 ; J'ai lu, coll. « Bien-être Psychologie », 2003. *(N.d.T.)*

qu'on déclare être important pour nous et ce qu'on réalise concrètement, il peut être utile de faire cet exercice avec quelqu'un qui nous connaît bien et a suffisamment d'affection à notre égard pour nous aider à évaluer notre taux d'honnêteté par rapport à nous-même[1].

La proportion de temps qu'on décide d'affecter à nos grandes valeurs dépend des penchants et disponibilités de chacun. Le fait que ma famille compte pour moi plus que tout ne signifie pas que pour accroître mon honnêteté vis-à-vis de moi-même, et donc être plus heureux, je doive reporter sur elle tout le temps que j'alloue actuellement à mon passe-temps favori (qu'on se rappelle le « principe des lasagnes »). Celui qui doit cumuler deux emplois afin de subvenir aux besoins de sa famille vit en accord avec ses valeurs prioritaires, même s'il ne passe que peu de temps à jouer avec ses enfants.

Néanmoins, il arrive fréquemment que nous soyons arrachés à la vie qui nous rendrait heureux par des forces – aussi bien internes qu'externes – qu'on pourrait maîtriser dans une certaine mesure : nos habitudes, nos appréhensions, les attentes des autres… Vu que le temps n'est pas une ressource inépuisable, il peut s'avérer nécessaire de renoncer à certaines activités situées au bas de la liste de nos priorités – dire « non » en certaines occasions pour pouvoir dire « oui » dans des situations qui ont plus de valeur pour nous.

---

1. Les travaux de Chris Argyris montrent qu'on repère sans difficulté les incohérences entre ce que les *autres* tiennent officiellement pour important (« les théories qu'ils épousent ») et ce qu'ils font dans la réalité (« les théories qu'ils appliquent »), mais qu'on est moins doué pour détecter les mêmes contradictions chez soi. D'où l'intérêt de pratiquer l'exercice en présence d'un proche. Selon Argyris (1976), « en matière d'action, les théories qu'on épouse sont celles que les sujets décrivent comme le fondement de leurs actes. Tandis que les théories qu'on applique sont celles qu'ils infèrent à partir de leurs comportements réels. »

Répétez cet exercice avec régularité. Le changement, surtout lorsqu'il s'agit d'habitudes et de structures de fonctionnement bien ancrées, ne se produit pas du jour au lendemain. Le plus important, là encore, est de ritualiser. En plus de vous créer une habitude nouvelle à partir de l'occupation qui vous tient à cœur, instaurez des rituels négatifs – des laps de temps pendant lesquels vous vous retenez volontairement de faire certaines choses. Par exemple, si c'est possible, créez-vous un laps de temps sans Internet tous les jours à la même heure. Nous passons de plus en plus d'heures sur le Net ; lire ses e-mails toutes les trois minutes nuit à la productivité comme à la créativité, et, finalement, au bonheur[1]. Vous pouvez aussi ménager des intervalles sans téléphone ou sans réunions, que ce soit pour finir votre travail ou aller retrouver des amis.

---

1. Une enquête commanditée par Hewlett-Packard et réalisée par un institut de sondages montre que « les employés distraits par les appels téléphoniques, les e-mails et les sms subissent une baisse de QI supérieure à celle constatée chez un consommateur de marijuana ». *Cf.* l'article publié par http://www.cnn.com (archivé le 21/11/2006.http://edition.cnn.com/2005/WORLD/europe/04/22/text.iq

4

Le « capital suprême »

> *Ce qui se tient derrière nous et ce qui est devant nous est peu de chose comparé à ce qui est en nous.*
>
> Ralph Waldo EMERSON

Marva Collins était institutrice dans le centre-ville de Chicago, où la criminalité et la drogue étaient omniprésentes, et l'espoir aussi rare que l'optimisme. Le quartier connaissait de graves problèmes, et bien des enseignants craignaient que leurs élèves n'échappent pas à la pauvreté et au découragement qui se transmettaient de génération en génération.

En 1975, Marva Collins a créé un établissement appelé « Westside Preparatory School » pour les enfants de son quartier, dont beaucoup avaient été renvoyés pour mauvaise conduite, ou parce qu'ils étaient – pour une raison ou une autre – incapables de s'intégrer dans le système scolaire. Westside Preparatory était leur dernière chance avant la rue.

Ceux qui s'étaient vu qualifier d'« inaptes à toute forme d'enseignement » y ont appris à lire Shakespeare, Emerson et Euripide dès la fin du cycle primaire. Ceux qu'on avait rejetés comme « irrécupérables » sont entrés en faculté. Les élèves de Marva Collins ont intériorisé sa vision : pour elle, tout élève peut y arriver. Ils ont repris confiance en eux, et pu imaginer puis mettre en pratique un avenir où l'espoir a plus de place.

Marva Collins a fondé cette école avec très peu d'argent ; au début, les cours avaient même lieu chez elle. Pendant vingt ans, elle s'est bagarrée pour survivre financièrement, et, plus d'une fois, elle a cru qu'elle serait obligée de fermer. De nos jours, il y a des « écoles Marva Collins » dans plusieurs États américains, et des enseignants viennent du monde entier pour la rencontrer à Chicago, s'inspirer de ses méthodes... et d'elle-même.

L'histoire de Marva Collins permet d'entrevoir les répercussions de la démarche « considérer le bonheur comme une fin en soi ». Elle raconte que, en compagnie de gens qui dirigent des entreprises multimilliardaires et ont amassé des fortunes, elle se demande encore et toujours pourquoi elle a voulu devenir enseignante. La réponse, elle la trouve dans l'examen du cas d'une de ses élèves.

> Tiffany était une enfant qu'on avait diagnostiquée comme autiste, qui n'avait jamais prononcé une parole, et dont les spécialistes disaient que personne ne pourrait jamais ni l'aimer ni lui apprendre quoi que ce soit. Et puis un jour, après une éternité de patience infinie, de prières, d'amour et de détermination, elle a articulé ses premiers mots, qui furent : « 'e 'ous aime, ma'me 'ollins. » Il manquait quelques consonnes, mais les larmes qui accompagnaient cette déclaration ont fait de moi la femme la plus

riche du monde. Aujourd'hui, voir Tiffany écrire les nombres, commencer à déchiffrer des mots isolés, parler – et par-dessus tout voir briller dans ses yeux une petite lueur qui dit : « Moi aussi, je suis quelqu'un, je peux apprendre »... vaut pour moi tout l'or du monde.

À propos d'un autre élève dont la vie a changé du tout au tout grâce à son école, Marva Collins écrit : « Lire dans ses yeux la lumière qui un jour illuminera le monde compense toutes les nuits blanches passées à me demander comment j'allais équilibrer mon budget. »

Marva Collins aurait pu gagner beaucoup d'argent. Elle aurait pu s'épargner ces soucis budgétaires. En effet, dans les années 80, les gouvernements Reagan et Bush lui ont proposé de devenir ministre de l'Éducation, avec tout le prestige, tous les honneurs que cela lui aurait valus. Seulement, elle, ce qu'elle aimait, c'était enseigner ; et elle était sincèrement convaincue que c'était dans une salle de classe qu'elle était le plus utile.

L'enseignement donnait un sens à sa vie, et aucune autre profession, d'après elle, n'aurait pu en faire autant ; elle y trouvait une récompense affective qu'aucune somme d'argent n'aurait pu lui procurer. À ses yeux, elle était la « femme la plus riche du monde », et son vécu d'enseignante avait davantage de valeur pour elle que les plus précieux trésors parce que *la valeur ultime, ce n'est ni l'or ni le prestige, mais le bonheur.*

PAUSE

À vos propres yeux, qu'est-ce qui vaut tout l'or du monde ?

LE BONHEUR COMME CAPITAL SUPRÊME

Quand on veut estimer ce que vaut une entreprise, on utilise comme unité de mesure l'argent. On calcule son actif et son passif, ses profits et pertes. Tout ce qui n'est pas traduisible en termes monétaires n'accroît ni ne diminue la valeur de cette société. Ici, la référence suprême, c'est l'argent.

Comme une entreprise, l'être humain réalise des bénéfices et encaisse des pertes. Toutefois, dans son cas, la valeur ultime n'est ni l'argent ni aucune autre unité de mesure extérieure – célébrité, fortune, pouvoir. Pour les êtres humains, la référence, c'est le bonheur.

Fortune et célébrité sont subordonnées au bonheur, et n'ont aucune valeur en elles-mêmes. La seule raison de les désirer est qu'en les possédant, ou en croyant les posséder, on peut s'acheminer vers le sens et les émotions positives. En elles-mêmes, fortune et célébrité ne valent rien ; il n'y aurait aucune raison de les rechercher si elles ne contribuaient pas d'une manière ou d'une autre à l'accession au bonheur. De la même manière que, dans une entreprise, les actifs sont dépendants de l'argent (puisque leur valeur est estimée en liquidités), dans la vie, richesse et notoriété dépendent du bonheur.

Quand on a compris que le bonheur est la valeur, le *capital suprême*, les ramifications sont spectaculaires. Pour prendre un exemple extrême, si on nous donnait à choisir entre un million et une discussion avec un ami, nous devrions retenir ce qui nous rendrait globalement le plus heureux. Si la discussion en question devait nous apporter plus de satisfaction émotionnelle et de sens qu'un million, c'est elle qu'il nous faudrait choisir. En optant pour le capital suprême, c'est d'elle que nous retirerions le plus grand bénéfice.

En estimant la valeur d'une conversation par rapport à celle d'une somme d'argent, on a un peu l'impression de mettre dans la même balance des pommes et des poires. Mais si l'on convertit l'argent, la discussion ou quoi que ce soit d'autre en termes de capital-bonheur, en estimant le degré de bonheur que les uns et les autres nous apportent, on obtient un critère commun qui nous permet de comparer des expériences apparemment sans rapport.

Il va sans dire que choisir entre une discussion et un million n'est pas chose aisée. Pour exprimer une préférence judicieuse, il ne suffit pas de déclarer que si je prends davantage plaisir à discuter avec un ami je n'ai qu'à renoncer au million. Pareille somme d'argent garantit l'avenir, et peut m'éviter certaines émotions négatives à long terme. En outre, avec un million de dollars, j'ai tout à coup la liberté et l'occasion d'entreprendre des tâches signifiantes. Si toutefois, après avoir envisagé la question sous tous les angles, je me rends compte que la discussion me sera plus agréable, et que j'en tirerai plus de sens, en fin de compte, elle a à mes yeux une valeur supérieure à celle du million. Pour reprendre un propos de Jung, la plus petite chose qui fait sens a davantage de valeur dans la vie que la plus grande qui en est dépourvue[1].

Imaginons le scénario suivant. Un Vénusien ou une Vénusienne débarque sur Terre, entre dans un magasin

---

1. C. J. Jung, *L'Homme à la découverte de son âme,* trad. R. Cahen, Albin Michel, 1987. *(N.d.T.)*

et demande à acquérir un article valant mille dollars. Il ou elle donne au marchand le choix entre mille dollars et un billet qui, sur Vénus, équivaut à un million de dollars. Sachant qu'il ne se rendra jamais sur Vénus et que la monnaie vénusienne n'a pas cours sur Terre, le marchand va logiquement choisir les mille dollars, à moins de vouloir conserver le billet pour des raisons sentimentales. La monnaie vénusienne n'a de valeur qu'à hauteur de la cote qu'elle peut atteindre en monnaie terrienne.

De la même façon, un million ne vaut que ce qu'il représente en fonction du capital suprême. La monnaie terrienne est la référence universelle pour qui désire acquérir une entreprise, la seule valable ; mais pour rémunérer un être humain, le capital suprême est le bonheur, le seul valable. C'est le bonheur qui devrait être le moteur de nos actes, le but vers lequel tendent tous les autres.

BONHEUR ET PROSPÉRITÉ

L'argent, au-delà du minimum nécessaire pour se nourrir et se loger (et je ne parle ni de caviar ni de châteaux), n'est guère qu'un moyen permettant de parvenir à une fin. Malheureusement, on confond trop souvent la fin et les moyens, et on sacrifie le bonheur (la fin) à l'argent (les moyens).

Ce raisonnement est encouragé par nos sociétés, où l'aisance matérielle est présentée comme le but ultime. Non que l'accumulation et la production de richesses soient un mal en soi. La prospérité peut aider les individus et les sociétés à atteindre un niveau de bonheur supérieur. La sécurité financière peut nous libérer d'un travail auquel nous ne trouvons pas de sens et nous éviter d'être obsédé par le chèque de fin de mois. Pourtant, ce n'est pas l'argent en soi qui est précieux, mais sa capacité de créer des expériences positives. Par et pour elle-même, la richesse matérielle n'engendre pas forcément de sens, et ne conduit pas forcément à l'enrichissement affectif.

Des travaux ont montré que le lien entre prospérité et bonheur n'était pas du tout ce qu'on croit. Au fil de recherches transculturelles poursuivies sur de longues périodes, le psychologue David Myers a constaté une très faible corrélation entre bonheur et richesse, excepté dans les cas d'extrême pauvreté où les besoins fondamentaux des individus n'étaient pas satisfaits. De plus, bien que le niveau de vie se soit élevé dans beaucoup de pays ces cinquante dernières années, la recherche ne met en évidence aucune élévation du taux de bonheur ; au contraire, elle en montrerait plutôt une baisse.

Daniel Kahneman, prix Nobel d'économie, s'attache depuis quelques années à l'étude du bonheur. Ses travaux, menés avec ses collègues, n'ont mis au jour que peu d'arguments en faveur d'un lien hypothétique entre richesse et émotions positives :

> La croyance qui veut que les hauts revenus entraînent automatiquement la joie de vivre est très répandue mais généralement illusoire. Les individus jouissant de revenus supérieurs à la moyenne sont relativement satisfaits de leur vie mais déclarent vivre à peine plus de moments heureux que les autres ; ils sont plus tendus et ne consacrent pas plus de temps à des occupations agréables. De plus, les conséquences du revenu élevé sur l'indice de satisfaction de vie semblent éphémères. Nous avançons que les gens exagèrent l'incidence de leurs revenus sur

leur bonheur parce que, en évaluant leur propre vie ou celle des autres, ils se focalisent – du moins en partie – sur la réussite de type conventionnel.

On peut s'en étonner, mais certaines personnes dépriment une fois qu'elles ont atteint la prospérité – beaucoup plus qu'à l'époque où elles se battaient pour y arriver. Le fonceur vit dans l'espoir que ses initiatives lui apporteront un bénéfice différé, ce qui rend davantage supportables ses émotions négatives. Mais quand il touche au but et se rend compte que la réussite financière ne l'a pas rendu plus heureux, il n'a plus rien pour l'aider à vivre. Il cède alors au désespoir et à la sensation d'impuissance car il n'a pas d'autre perspective, rien qui lui laisse entrevoir un avenir heureux.

On ne compte plus les exemples de personnes ayant brillamment réussi dans la vie et qui sombrent dans la dépression, l'alcoolisme ou la toxicomanie. Paradoxalement, le succès les a rendus moins heureux ; en effet, ils étaient peut-être malheureux aussi *avant* de réaliser leur rêve, mais ils étaient portés par la conviction qu'une fois « arrivés » ils connaîtraient le bonheur. Et puis voilà : lorsqu'ils touchent au but, ce qu'ils escomptaient n'est pas là. Dépouillés de l'illusion au sein de laquelle vivent la plupart des gens (la prospérité matérielle et le statut social pourvoiraient au bonheur durable), ils sont frappés de plein fouet par le syndrome qu'on pourrait appeler « Et après ? » ou « Qu'est-ce qu'on fait maintenant ? » En se rendant compte que tous les efforts fournis, tous les sacrifices consentis n'ont pas abouti à leur apporter le capital suprême, ils se noient dans une désespérance acquise. Ils se laissent aller au défaitisme et se résignent à l'idée de ne jamais découvrir ce qui les rendra heureux ;

pour tenter de fuir leur malheur, ils se tournent fréquemment vers des voies de substitution destructrices.

Donc, si « l'argent ne fait pas le bonheur », pourquoi suscite-t-il pareille obsession ? Pourquoi l'envie d'être riche prend-elle le pas sur la nécessité de trouver un sens à ses activités ? Pourquoi se sent-on infiniment plus à l'aise en se fondant sur des critères matérialistes, et non affectifs, lorsqu'on a des décisions à prendre ?

Si l'on aborde la question sous l'angle évolutionniste, on peut envisager que notre lointain passé en tant qu'espèce détermine notre comportement actuel. Quand nous étions des chasseurs-cueilleurs, l'accumulation de biens matériels – essentiellement la nourriture – était souvent la condition de la survie en prévision de la sécheresse possible, ou d'un hiver rigoureux. L'entassement dans un endroit discret a fini par faire partie de notre constitution. Aujourd'hui encore, même les gens dont la sécurité matérielle future n'est en rien compromise ont tendance à amasser au-delà de leurs besoins réels. Le stockage n'est alors plus un moyen de survie, mais une fin en soi. On n'accumule plus pour vivre – on vit pour accumuler.

Nous sommes également enclins à nous focaliser davantage sur l'aspect matériel qu'à nous préoccuper du côté émotionnel, lorsqu'il s'agit de prendre des décisions ou de formuler des jugements, parce que les choses quantifiables de ce type se prêtent plus aisément à l'appréciation intellectuelle, à l'évaluation rationnelle. Nous accordons davantage de valeur à ce qui est mesurable (les moyens financiers, le prestige) qu'à l'inquantifiable (les émotions, la charge signifiante).

Le monde matérialiste célèbre les matérialistes. Les riches s'attirent le respect par l'intermédiaire de leurs biens matériels, comme si les qualités d'une personne se ramenaient à ce qu'elle « pèse » financièrement. Les universitaires prennent comme critère d'avancement dans leur carrière le nombre de publications qu'ils ont à leur actif. Nous estimons la valeur d'une journée, d'une semaine, à la productivité dont nous avons été capable et au travail abattu. Comme dit Laurence G. Boldt dans *Zen and the Art of Making a Living* [*Le Zen et l'Art de gagner sa vie*], « la société nous enseigne que les seules choses qui offrent un intérêt matériel sont... les choses matérielles, et que seules comptent les choses qui peuvent être comptées ». La valeur monétaire d'une maison est quantifiable, pas les sentiments que nous éprouvons à l'égard de notre demeure. *Hamlet* ne coûte que quelques dollars en librairie, mais cela n'empêche pas sa valeur à nos yeux d'être incommensurable.

PAUSE

Votre préoccupation personnelle à l'égard de la richesse et du prestige diminue-t-elle la part de bonheur dans votre vie ? Si oui, de quelle manière ?

LA BANQUEROUTE AFFECTIVE

À force d'accumuler les biens matériels, on s'approche de la banqueroute des valeurs suprêmes. L'être humain peut faire faillite de la même manière qu'une entreprise. Pour demeurer solvable, celle-ci doit faire des bénéfices – autrement dit, il faut que ses recettes soient supérieures à ses dépenses.

Quand on fait retour sur sa vie, il peut être utile de classer les expériences positives dans la catégorie des recettes et les négatives dans celle des dépenses. Lorsque les premières excèdent les secondes, nous avons réalisé des bénéfices par rapport au capital suprême. La dépression prolongée est en quelque sorte une banqueroute affective : la durée et l'intensité des expériences négatives (ou « pertes », en termes financiers) outrepassent le bénéfice des expériences positives (les « gains »).

Il arrive qu'une nation entière se retrouve au bord de la faillite (pensons à la « grande dépression » de 1929), quand le taux de banqueroutes personnelles ne cesse d'augmenter. De la même manière, à mesure que le niveau d'anxiété et de dépression augmente, la nation s'avance vers la faillite affective en termes de capital suprême. C'est ainsi que, tout en progressant à pas de géant dans le domaine des sciences et des technologies (avec leurs répercussions sur le bien-être matériel), nous régressons de plus en plus sur le plan affectif.

Et, malheureusement, rien n'indique que la situation aille en s'améliorant. Environ un tiers des adolescents américains souffrent de dépression. Tant aux États-Unis qu'en Europe, en Australie et en Asie, les recherches montrent qu'aujourd'hui les jeunes sont plus angoissés, plus dépressifs que par le passé. Et cette tendance ne tient compte ni des groupes ethniques ni des catégories socioprofessionnelles.

Dans *L'Intelligence émotionnelle*[1], Daniel Goleman note que « depuis le début du [XXe] siècle, et ce dans le monde entier, chaque génération encourt un plus grand risque que la précédente de sombrer dans la dépression

---

1. D. Goleman, J'ai lu, coll. « Bien-être / Psychologie », 2003. *(N.d.T.)*

aiguë – je ne parle pas ici de tristesse, mais d'un manque d'énergie paralysant, d'une sensation d'accablement et d'auto-apitoiement constante, d'impuissance totale – qui suit le sujet toute sa vie durant ». Ce que Goleman fait ressortir ici, c'est la place de plus en plus importante, à l'échelle de la société, de la faillite émotionnelle. L'« impuissance totale » – ou défaitisme – décrite par ce chercheur renvoie aux conséquences de la sensation de ne pouvoir surmonter cet état émotionnel appauvri, indigent, que ce soit au niveau individuel ou collectif.

D'après Goleman, l'« Ère de l'Angoisse » qu'a été le XXe siècle se mue actuellement en « Ère de la Mélancolie ». Dans *Découvrir un sens à sa vie*, Viktor Frankl prétend que le vide existentiel [est] un phénomène largement répandu au XXe siècle », et déplore que 25 % de ses étudiants européens et 60 % de ses étudiants américains aient l'impression de vivre dans ce fameux « vide existentiel », un état de « vacuité intérieure, de néant au sein d'eux-mêmes ».

La situation actuelle est encore plus grave qu'à l'époque (1950), et un sondage plus récent réalisé auprès d'étudiants en première année d'université donne peut-être des éléments de réponse. En 1968, on leur a demandé quels étaient leurs objectifs personnels : 41 % souhaitaient gagner beaucoup d'argent ; 83 %, parvenir à une vision de la vie qui ait un sens à leurs yeux. Un sondage de 1997 donne des résultats très différents : 75 % des première année déclaraient viser un très bon niveau de réussite financière ; 41 %, vouloir parvenir à une vision de la vie qui ait un sens à leurs yeux. À mesure que s'accroît le nombre de personnes qui perçoivent la réussite matérielle comme une fin en soi, donc à mesure qu'augmente proportionnellement le nombre de citoyens malheureux, la société dans son ensemble approche la banqueroute émotionnelle.

Cette dernière s'accompagne de problèmes sociaux parmi les plus préoccupants : toxicomanie, alcoolisme, fanatisme religieux, etc. On comprend qu'un individu malheureux se drogue si cela lui permet de s'évader temporairement de la réalité (une existence sans joie) ou se tourne vers un leader charismatique qui lui promet la félicité éternelle.

Mais le bonheur n'est pas seulement un luxe, un but à poursuivre une fois que nous aurons résolu tous nos maux, individuels et collectifs. Rehausser le capital suprême, à l'échelle universelle, améliore la qualité de vie des gens et peut rendre le monde plus agréable et plus sûr.

EXERCICES

Les phrases à achever

La méthode des phrases à achever a été mise au point par le psychothérapeute Nathaniel Branden, considéré comme le père de l'école qui se penche avant tout sur l'estime de soi[1]. Cet exercice simple, qui consiste donc à compléter des phrases toutes faites, nous aide souvent à y voir plus clair et à instaurer des changements signifiants dans notre vie.

---

1. Pour l'exposé précis de la technique, *cf.* N. Branden, *Les Six Clés de la confiance en soi*, 1994 ; coll. « Bien-être Psychologie », J'ai lu, 2003 et http://nathanielbranden.com/catalog/articles_essays/instructions.html

Il faut respecter quelques règles simples. Vous devez inventer rapidement au moins six fins (ou plus, s'il vous en vient davantage) à chaque phrase. Vous pouvez le faire par écrit ou au magnétophone. Il n'y a ni bonne ni mauvaise réponse, et les fins de phrase peuvent se contredire mutuellement. Mettez de côté votre esprit critique ; réfléchissez après, et non durant l'exercice. Quand vous aurez fourni toutes les réponses qui vous viennent, passez-les en revue et demandez-vous si elles vous apprennent quelque chose de précieux. Il faudra peut-être vous y reprendre à plusieurs fois pour avoir une révélation.

Si vous apprenez effectivement quelque chose sur vous-même, agissez en fonction de cette donnée nouvelle. La méthode des phrases à finir marche aussi bien aux niveaux conscient qu'inconscient, et on en retirera un bénéfice maximum en se laissant inspirer par une intuition.

Un exemple de phrase inachevée, avec sept fins possibles :

Si j'instaure 5 % de prise de conscience en plus dans ma vie...

Je verrai ce que ça me coûte de dire trop souvent oui.
Je ne pourrai plus éviter les situations pénibles.
J'apprécierai davantage ma famille.
J'apprécierai davantage ma vie.
Il se peut que la situation se complique.
Je passerai plus de temps avec ma famille.
Je serai plus aimable avec mon personnel.

Ci-dessous, quelques phrases à compléter, empruntées à l'œuvre de Branden ou inspirées par elle :

Si j'instaure 5 % de prise de conscience en plus dans ma vie...
Les choses qui me rendent heureux(se) sont...
Pour instaurer 5 % de bonheur en plus dans ma vie...

Si je travaille davantage à la satisfaction de mes besoins...
Si j'apporte 5 % d'honnêteté en plus dans ma vie...
Si j'étais disposé à dire oui, quand j'ai envie de dire oui et non quand j'ai envie de dire non...
Si je me mets à respirer profondément et si je me laisse aller à ressentir ce que c'est vraiment que le bonheur...
Je suis en pleine prise de conscience de...

Revenez sur ces débuts de phrase autant qu'il le faudra – tous les jours pendant quinze jours, une fois par semaine pendant six mois... Vous pouvez les compléter toutes d'un coup ou vous contenter d'une ou deux phrases à la fois. Si un de ces tronçons a une résonance particulière, penchez-vous sur lui tant que vous y trouverez une utilité[1].

Tracer le tableau du bonheur

Reprenez le tableau que vous avez composé pour l'exercice qui clôt le chapitre 3. En vous fondant sur les données collectées à cette occasion, représentez-vous mentalement la semaine idéale. Une fois que vous aurez une image mentale claire de ce que devrait être votre vie selon vos vœux, elle aura beaucoup plus de chances de devenir réalité.

Si vous souhaitez passer plus de temps en famille (disons huit heures par semaine), mettez ce souhait par écrit. Si vous voulez regarder moins longtemps la télé, notez le nombre d'heures qui vous paraît parfait – compte tenu de tout ce que vous voudriez faire d'autre. Soyez le plus réa-

---

1. Je ne saurais trop vous recommander de suivre un programme plus étendu de « phrases à compléter », tel celui que vous trouverez dans l'ouvrage cité de N. Branden ou son article en ligne (*cf. note précédente*). Notamment http://nathanielbranden.com/catalog/articles_essays/sentence_completion.html

liste possible ; par exemple, dans l'idéal, vous aimeriez peut-être lire des romans et aller au théâtre vingt heures par semaine mais vu vos obligations par ailleurs, ce n'est pas forcément très réaliste.

Y a-t-il des choses que vous ne faites pas actuellement et qui engendreraient des bénéfices élevés en capital suprême ? Aller au cinéma une fois par semaine pourrait-il contribuer à votre bien-être ? Seriez-vous plus heureux si vous consacriez quatre heures par semaine à votre passe-temps favori et si vous sortiez trois fois par semaine ?

Si vous êtes soumis à de multiples contraintes sans être en mesure d'instaurer des changements signifiants dans votre vie, tirez le plus possible avantage de ce que vous avez. Pensez aux activités peu prenantes qui vous procurent un bénéfice à la fois immédiat et à venir, et auxquelles vous pourriez vous adonner. Si votre heure quotidienne de transport en voiture pour vous rendre à votre travail n'a rien de très emballant mais demeure inévitable, essayez d'y introduire du plaisir et du sens. Écoutez des livres sur cassettes enregistrées, ou votre style de musique préféré. Ou alors, prenez le train et profitez-en pour lire. Là aussi, ritualisez les changements que vous souhaitez instaurer.

Répétez l'exercice à intervalles réguliers – une fois par an, par exemple – ainsi que la mise en tableau de votre vie suggérée au chapitre 3. Prenez note de vos progrès et des domaines où vous voudriez vous améliorer encore, mais aussi des changements qui ont pu intervenir dans l'ordre de vos priorités par rapport à l'année précédente et qui, logiquement, doivent entraîner une révision du tableau.

5

Se fixer des objectifs

> *On ne parvient pas tant au bonheur en vivant de manière passive des circonstances enviables qu'en s'impliquant dans des activités valorisées et en progressant vers les objectifs qu'on s'est soi-même fixés.*
>
> David MYERS et Ed DIENER

Lorsque, à l'âge de seize ans, je me suis embarqué de mon plein gré dans un voyage dont le but était une vie meilleure, il me semblait que, pour être authentiquement heureux, je devais atteindre un état d'où tout désir serait absent – ce qui, pour moi, signifiait me libérer de mes appétits et aspirations, de tout but et de tout objectif. Après tout, non seulement les cibles que j'avais visées jusque-là ne m'avaient pas fourni de retour sur investissement en capital suprême, mais elles m'avaient carrément rendu malheureux et conduit au bord de la faillite émotionnelle. Il m'a fallu des années pour comprendre que le problème n'était pas de se donner ou non des buts, d'avoir ou non des désirs, des besoins, des ambitions, mais de savoir *lesquels,* et quel rôle leur faire jouer dans ma vie.

De fait, je suis intimement convaincu aujourd'hui qu'il est indispensable de se fixer des objectifs si l'on veut être heureux ; pour cela, nous devons discerner et poursuivre des buts à la fois porteurs de sens et de plaisir. Mais avant d'examiner le lien entre détermination d'objectifs et sensation de mieux-être, étudions le rapport entre se fixer des buts et bien s'en sortir dans la vie.

OBJECTIFS ET RÉUSSITE

Les gens qui se fixent des objectifs ont plus de chances de réussir que les autres. Quand on se fixe des buts bien précis impliquant des défis à relever, en s'obligeant à respecter un calendrier et des critères de réussite, on obtient de meilleurs résultats[1]. Se fixer un but, c'est engager sa parole, et la parole a le pouvoir de créer un avenir meilleur.

Quant au rapport entre objectifs et réussite, la psychologie considérée en tant que science confirme, comme souvent, ce que le langage véhicule, ce que certains textes religieux nous disent et ce dont bien des gens ont fait l'expérience : « concept » et « concevoir »

---

1. Pour se faire une idée des travaux publiés en la matière, *cf.* E. A. Locke, et G. P. Latham, *Building a Practically Useful Theory of Goal Setting and Task Motivation : A 35-Year Odyssey* (*Élaboration d'une théorie applicable dans le domaine de la détermination d'objectifs et la motivation – une odyssée de trente-cinq années*), dans *American Psychologist,* 57-9, pp. 505-717, 2002.

ont une étymologie commune. C'est par l'intermédiaire de concepts, de mots, qu'on peut concevoir une réalité nouvelle – littéralement lui donner naissance. Par exemple, dans la Bible, Dieu crée le monde grâce à des mots : « Que la lumière soit : et la lumière fut. » L'Évangile selon saint Jean s'ouvre sur cette phrase : « Au commencement était le Verbe. » Et la création des États-Unis d'Amérique a été concrétisée par une déclaration qui définissait une série d'objectifs, de buts et de valeurs.

Les objectifs fixés enracinent en nous et en ceux qui nous entourent la conviction que nous sommes capables de surmonter les obstacles. Représentez-vous votre vie comme un voyage. Vous marchez, sac au dos ; vous avancez à belle allure, quand soudain vous vous retrouvez face à un mur qui vous barre le chemin. Que faites-vous ? Demi-tour, pour ne pas affronter le défi lancé par le mur ? Ou bien adoptez-vous l'attitude opposée, à savoir jeter votre sac à dos par-dessus le mur et chercher par tous les moyens à le franchir, le contourner ou l'escalader ?

En 1878, Thomas Edison annonce qu'il exposera à tous les regards sa première ampoule électrique le 31 décembre, alors que jusque-là toutes ses expériences ont échoué. Lui a jeté son sac à dos par-dessus le mur – celui des nombreux défis qui lui restaient à relever ; et, le dernier jour de l'année, la lumière fut. En 1962, quand Kennedy a déclaré au monde que l'Amérique enverrait un homme sur la Lune avant la fin de la décennie, certains des métaux nécessaires n'avaient pas encore été inventés et la technologie en général était loin d'être au point. Pourtant, il a envoyé son sac à dos – et celui de la NASA – par-dessus le mur. Même si, en s'engageant verbalement, si audacieuse et exaltante que soit la parole donnée, on ne garantit pas qu'on arrivera à destination, la démarche augmente la probabilité du succès.

L'alpiniste écossais William H. Murray décrit dans *The Scottish Himalayan Expedition* le bénéfice du « lancer de sac » par-dessus le mur de briques :

> Tant qu'on ne s'est pas fermement engagé, il y a l'hésitation, la possibilité du recul ; toujours l'inefficacité. Dans toutes les démarches d'initiative (et de création) gît une vérité élémentaire, dont la méconnaissance tue dans l'œuf d'innombrables idées et de superbes projets : au moment où l'on s'engage pour de bon, la providence se met en marche de son côté. Il se produit toutes sortes de choses favorables qui, sans cela, ne seraient pas arrivées. Une kyrielle d'événements découlent de cette décision, qui suscitent en votre faveur toutes sortes d'incidents, rencontres et aides matérielles intempestifs dont nul n'aurait rêvé bénéficier. J'ai appris à apprécier avec un profond respect cette citation de Goethe : « Quoi que vous puissiez ou que vous rêviez de faire, faites-le. L'audace a du génie, de la puissance et de la magie. »

Le but précis, l'engagement défini concentrent notre attention sur la cible et concourent à nous orienter vers les moyens de l'atteindre. L'objectif en question peut être aussi simple que d'acheter un ordinateur, aussi complexe que de gravir l'Everest. Les psychologues nous enseignent que la certitude est une prophétie qui s'accomplit d'elle-même, et que si l'on s'engage, si l'on balance son sac par-dessus le mur, on fait la preuve qu'on a foi en soi, qu'on se croit capable de réaliser l'avenir qu'on a imaginé[1]. Au lieu de se borner à réagir à la réalité, on *crée* sa réalité.

PAUSE

En quelle(s) occasion(s) vous êtes-vous engagé ? Quelles ont été les conséquences de cet engagement ? Quels sont vos engagements actuels ?

OBJECTIFS ET BIEN-ÊTRE

Si la recherche empirique et les faits constatés mettent bien en lumière le lien entre dessein et succès, le rapport entre la nature de ces buts et la réussite finale est moins évident. Le bon sens veut que le bonheur procède de l'accomplissement de nos intentions. Mais des décennies de recherche remettent en cause les croyances les plus ancrées : obtenir un résultat longtemps attendu peut, en effet, procurer une grande satisfaction, et l'échec conduire au désespoir ; cependant, ces sentiments ont tendance à être de courte durée.

Le psychologue Philip Brickman et ses collègues en ont apporté la preuve en examinant le niveau de bonheur atteint par un certain nombre d'individus ayant gagné à la loterie. En moins d'un mois, les vainqueurs avaient retrouvé leur degré de bien-être antérieur – s'ils étaient malheureux avant, ils le redevenaient. De

---

[1]. *Cf.* R. Rosenthal et L. Jacobson (1968), *Pygmalion à l'école : l'attente du maître et le développement intellectuel des élèves*, 1968 ; Casterman, 1996 ; et A. Bandura, *Auto-efficacité – Le Sentiment d'efficacité personnelle*, De Boeck, 2007. (*N.d.T.*)

la même manière (et peut-être est-ce même encore plus étonnant), moins d'un an après leur accident, les personnes restées paraplégiques sont souvent aussi heureuses qu'avant.

En poursuivant ces recherches dans le même sens, le psychologue Daniel Gilbert a montré que, dans l'ensemble, nous étions très peu doués pour prédire nos sentiments futurs. Nous estimons qu'une nouvelle maison, une promotion, une publication vont nous rendre heureux, alors qu'en fait ces succès ne conduisent qu'à un pic temporaire sur la courbe de notre bien-être. Le même principe s'applique aux expériences négatives. La souffrance affective due à la fin d'une liaison amoureuse, la perte d'un emploi ou l'éviction de notre candidat aux élections ne dure guère : on regagne bien vite son état antérieur.

De ces travaux, qui infirment des convictions profondément ancrées concernant les effets de la réalisation de nos objectifs, il est possible de tirer des conclusions à la fois négatives et positives. La bonne nouvelle, c'est qu'on peut moins redouter l'échec, donc se montrer plus audacieux ; la mauvaise, c'est que la réussite ne semble guère avoir d'impact non plus : on peut donc avoir l'impression qu'il est inutile de se donner des objectifs ou, de ce fait, de rechercher le bonheur. Notre vie ressemblerait à celle de Bill Murray dans *Un jour sans fin (Groundhog Day)*, ou de Sisyphe, occupé à gravir sa montagne en poussant inlassablement son rocher.

Alors, le choix se réduit-il à se bercer d'illusions (« la réalisation de tel but va me rendre heureux ») ou à affronter la réalité dans toute sa cruauté (« quoi que je fasse, je ne serai jamais plus heureux ») ? Heureusement non. Il existe une autre voie, mais elle exige qu'on saisisse bien la corrélation propre entre but et processus, destination et trajectoire. Quand on y arrive, le but qu'on se fixe peut susciter chez nous un niveau supérieur de bien-être.

FONCTION DES OBJECTIFS

Dans *Traité du zen et de l'entretien des motocyclettes*[1], Robert M. Pirsig raconte qu'il se joint à un groupe de moines zen âgés qui escaladent un pic dans l'Himalaya. Bien qu'étant le plus jeune, il est le seul à éprouver des difficultés ; il finit par renoncer, alors que les moines, eux, parviennent sans effort au sommet.

Obsédé par son objectif – atteindre ce sommet – et angoissé par le chemin qui lui reste à parcourir, Pirsig n'a pu prendre plaisir à l'ascension proprement dite. Il a perdu en route le désir – et la capacité physique – de continuer. Les moines, eux, étaient également concentrés sur le sommet, mais seulement pour s'assurer qu'ils ne s'égaraient pas, non parce qu'il avait plus de valeur que tout à leurs yeux. Se sachant dans la bonne direction, ils pouvaient reporter leur attention sur chaque pas accompli et y prendre plaisir, au lieu de se laisser alarmer par les épreuves à venir.

La fonction propre du but en soi est de nous libérer afin que nous puissions jouir de l'ici et maintenant. Si l'on prend la route sans intention bien précise, il est peu probable qu'on retire beaucoup de plaisir du voyage. Si l'on ignore où on va, voire où on veut aller,

---

1. Seuil, 1998. *(N.d.T.)*

chaque carrefour devient un lieu d'ambivalence : on ne sait s'il vaut mieux tourner à gauche ou à droite, puisqu'on ne sait pas non plus où on a envie d'aboutir, ni d'ailleurs où mène la route. Alors, au lieu de profiter du paysage, des fleurs sur le talus, on est rongé par l'hésitation, l'incertitude. Que va-t-il arriver si je prends par ici ? Où vais-je me retrouver si je prends par là ? Tandis que si on s'est fixé une destination, si on sait plus ou moins où on va, on est libre de concentrer son attention sur une tâche : profiter au maximum de l'endroit où on se trouve.

Mon approche consiste moins à *atteindre* des buts qu'à en *avoir,* tout simplement. Dans un article intitulé « Positive Affectivity » [*Affectivité positive*], le psychologue David Watson souligne la valeur intrinsèque du trajet. « La recherche contemporaine insiste sur le fait que l'élément crucial dans l'avancée vers le bonheur et l'affectivité positive est le mécanisme employé pour atteindre un but, plus que l'accomplissement de l'objectif lui-même. » La première raison d'être du but qu'on se donne – et qui concerne donc l'avenir – doit être l'amplification du plaisir *présent.*

Un but est un moyen, et non une fin en soi. Afin d'être durablement heureux, on doit modifier ses attentes vis-à-vis de ses buts : au lieu de les percevoir comme des fins en soi (donc de croire qu'en les atteignant on trouvera le bonheur), il faut y voir des moyens (donc admettre le plaisir potentiel du chemin qui y mène). Quand les objectifs fixés nous aident à savourer le présent, indirectement, à chaque étape du voyage, ils conduisent à une augmentation de notre proportion de bien-être – un résultat à opposer au pic de joie passagère marquant la réalisation d'un but comme fin en soi. Avoir un but nous rend conscients de nous-mêmes au moment même de l'action[1].

Mon argumentation repose sur la nécessité d'avoir des objectifs si l'on veut parvenir au bonheur durable, mais, en elle-même, l'*existence* de ces objectifs ne suffit pas. Il faut aussi qu'ils soient chargés de sens, *signifiants*, et que le trajet soit *agréable* pour que l'impact sur le niveau de bonheur soit conséquent.

PAUSE

Quels sont les objectifs qui vous ont procuré le plus de bonheur par le passé, en ce qu'ils vous ont entraîné sur un chemin plaisant autant que signifiant ? Quels sont ceux qui, d'après vous, pourront remplir le même office à l'avenir ?

Tous les objectifs engendrent-ils des bénéfices équivalents, du moment qu'ils s'accompagnent de sens et de plaisir, en termes de capital suprême ? Admettons par exemple que la volonté de m'enrichir soit signifiante pour moi, et que le prestige me fasse plaisir. Après tout, le désir de posséder des biens matériels et le besoin d'être apprécié sont dans la nature humaine, et importants pour la plupart des gens. Par conséquent, la recherche de la fortune et de l'admiration générale ne devrait-elle pas être partie intégrante de ma poursuite du bonheur ?

Dans une publication rassemblant les travaux consacrés à la corrélation objectifs/bonheur, Kennon

---

[1]. Je dois à Philip Stone cette notion de conscience de soi dans l'action.

Sheldon et ses collègues écrivent : « Ceux qui sont en quête de mieux-être seraient bien avisés de se polariser sur la poursuite *a)* de buts tournant autour de l'évolution personnelle, relationnelle et participative plutôt que l'argent, la beauté et le succès ; et *b)* de buts qui les intéressent personnellement et les concernent au premier chef, et non d'objectifs qu'ils se sentent obligés de poursuivre, avec parfois une certaine pression à la clé. » Certes, tout le monde ou presque recherche l'estime de ses semblables, la beauté et l'argent – et ressent une obligation ou une pression dans ce sens. Mais ce que souligne Sheldon, c'est que nous serions plus heureux si nous déplacions notre centre d'intérêt vers des objectifs *autoconcordants*. La recherche dans ce domaine livre une vision plus nuancée de la nature des activités *signifiantes et plaisantes* susceptibles de maximiser notre potentiel de bonheur.

LES OBJECTIFS AUTOCONCORDANTS

Ce sont les buts que l'on se donne par pure conviction personnelle et/ou par le fait d'un intérêt très marqué pour tel ou tel domaine. Selon K. Sheldon et Andrew Elliot, ces buts sont « intégrés au moi » et émanent « directement d'un choix individuel ». Dans l'ensemble, pour que les objectifs soient autoconcordants, il faut sentir qu'on les a choisis soi-même (et non qu'on nous les impose), qu'ils sont nés d'un désir d'*expression* de soi et non d'*impressionner* les autres. Si on se donne ces buts, ce n'est donc pas parce que les autres l'estiment souhaitable, ou qu'on s'y sent contraint, mais parce qu'on le souhaite sincèrement : on les trouve à la fois *agréables et chargés de sens.*

Les travaux menés dans cette sphère révèlent une différence qualitative entre le sens qu'on puise dans les ressources *extrinsèques* (statut social, état de notre compte en banque, etc.) et celui qu'on trouve dans nos ressources *intrinsèques* (développement de soi, facilité de contact avec les autres). Le plus souvent, les objectifs pécuniaires ne sont pas autoconcordants : ils ont une origine extrinsèque. Quant au désir d'atteindre un certain statut social et de faire bonne impression, il passe souvent – encore que pas systématiquement – après la quête de la réussite financière.

Dans une publication intitulée « The Dark Side of the American Dream » [« *Le Côté sombre du rêve américain* »], Tim Kasser et Richard Ryan montrent que cette quête de la réussite financière comme objectif central dans l'existence et comme principe directeur entraîne des conséquences négatives. Les gens qui ont pour premier but dans la vie de gagner de l'argent ont moins de chances de se réaliser et d'exprimer tout leur potentiel. De manière générale, ils sont plus malheureux que la moyenne, plus sujets à la dépression et l'angoisse. De surcroît, le corps et l'esprit étant étroitement liés, ces individus sont moins en forme, moins énergiques. On est parvenu aux mêmes résultats en dehors des États-Unis : les étudiants d'une école de commerce située à Singapour « qui avaient fortement intériorisé les valeurs matérialistes ont également signalé une moindre capacité à se réaliser, un manque d'énergie ; ils ne se déclaraient pas heureux, mais victimes d'angoisses et de symptômes psychosomatiques ».

Les psychologues travaillant sur les objectifs autoconcordants ne recommandent pas de renoncer à toute quête de réussite matérielle et d'éloges – ce serait en quelque sorte déclarer la guerre à notre propre nature. Ils ne sous-évaluent pas non plus l'importance de la recherche de la sécurité matérielle. Il est essentiel pour notre bien-être que nous ayons de quoi nous nourrir, nous loger, pourvoir à l'éducation de nos enfants... Cependant, au-delà de ces besoins fondamentaux, il n'est pas utile – ni même, si on considère le bonheur comme capital suprême, souhaitable – que l'argent et la réputation constituent nos souhaits primordiaux.

Bien que la plupart des travaux sur l'autoconcordance considèrent l'argent comme un but extrinsèque, il peut aussi fonctionner comme un objectif intrinsèque – auquel cas la prédominance de la volonté d'enrichissement devrait contribuer à notre bonheur, au lieu de nous en détourner. Parmi les individus qui s'échinent à gagner toujours plus, certains se soucient beaucoup moins des aspects matériels de la fortune que de ce qu'elle représente à leurs yeux : la récompense d'un effort, la preuve de leur compétence, etc. Ici, l'accumulation de biens matériels est associée à des facteurs *intrinsèques* de développement personnel plus qu'à des facteurs extrinsèques tels que le statut social.

En outre, la poursuite de la richesse peut se traduire en objectif autoconcordant si l'argent est perçu et employé comme moyen de donner du sens à sa vie. Par exemple, avoir de l'argent me permet de libérer une partie de mon temps pour me livrer à des occupations signifiantes à mes yeux, ou soutenir financièrement une cause que je veux défendre.

Manifestement, on a tout intérêt à se trouver des buts autoconcordants ; malheureusement, ce n'est pas si facile. K. Sheldon et Linda Houser-Marko remarquent que cette démarche « est une aptitude difficile à acquérir, exigeant à la fois des capacités d'autoanalyse et la faculté de résister à la pression de la société, qui nous pousse parfois dans des directions inadéquates ». Nous devons avant tout savoir ce que nous voulons faire de notre vie, puis avoir le courage de rester fidèles à nos vrais désirs.

PAUSE

Citez certains de vos objectifs autoconcordants. Existe-t-il des obstacles intérieurs ou extérieurs qui vous empêchent de les poursuivre ?

OBLIGATION ET PRÉDILECTION

Le sentiment d'avoir librement choisi ses buts conditionne donc leur caractère autoconcordant, ce qui explique que les citoyens des pays libres soient généralement plus heureux que ceux des régimes répressifs. Pourtant, nombreux sont les gens qui, dans les démocraties éclairées, se sentent presque en permanence réduits en esclavage – non par leur gouvernement mais par des facteurs extrinsèques auto-imposés (le prestige, le désir de plaire, les obligations, la peur...). Pour eux, la vie se résume à une succession de corvées qu'ils ont l'*obligation* d'accomplir plus qu'à un ensemble d'activités pour lesquelles ils ressentent une *prédilection*. Les obligations n'étant pas autoconcordantes, elles ne sont d'ordinaire pas très signifiantes ni source de plaisir ; la plupart du temps, en fait, il leur manque les deux. À l'inverse des buts autoconcordants.

Pour être plus heureux, vivre mieux, on peut limiter les obligations en laissant plus de place aux prédilections, que ce soit dans les buts qu'on poursuit en général ou dans ses activités quotidiennes. Est-ce que je fais médecine parce que j'y trouve un sens (facteur intrinsèque), ou suis-je principalement motivé par le statut social associé à la profession (facteur extrinsèque) ? Est-ce que je veux par-dessus tout être agent de change parce que je trouve excitant de suivre les tendances du marché, ou parce que cela permet de gagner beaucoup d'argent ?

Ces options ne sont pas mutuellement exclusives. La plupart du temps, nos choix sont motivés par divers facteurs, certains intérieurs, d'autres extérieurs. L'ex-étudiant qui a fait son droit pour plaire à sa famille peut parfaitement éprouver de la satisfaction à rendre la justice. De la même façon, une jeune fille devenue avocate parce que le droit la passionne ne restera forcément pas indifférente au prestige de la réussite sociale. La question est de savoir lesquels des facteurs intrinsèques et extrinsèques ont été déterminants dans ce choix. Si le moteur premier est de nature intérieure (en d'autres termes, donc, si la quête est autoconcordante), j'aurai l'impression de faire ce que j'ai voulu faire ; sinon, je me sentirai davantage soumis à une obligation.

La même analyse est applicable aux objectifs quotidiens. Quelle proportion de ma journée est consacrée à des occupations entreprises de mon plein gré, par opposition à celles que je me sens obligé de faire ? Il y a des obligations inévitables. Chez moi, l'enseignement est une *prédilection,* mais pour m'y consacrer j'ai aussi l'*obligation* de corriger des copies pendant des heures et de faire passer des examens. Le défi ne consiste pas à se dégager totalement des obligations mais à les réduire et, autant que possible, les remplacer par des *prédilections*. Le degré plus ou moins élevé de bonheur que j'atteins dépend du ratio entre obligations et prédilections dans ma vie. Le ratio détermine dans une large mesure mon envie de me lever le matin ou la sensation d'être épuisé d'avance par ce qui m'attend – ce qui fait que, en fin de journée ou de semaine, j'éprouve le sentiment d'avoir accompli quelque chose et une certaine satisfaction, ou, au contraire, je suis soulagé que ce soit fini.

PAUSE

Pensez à une journée ordinaire. Est-elle plutôt composée d'obligations ou de prédilections ? En général, avez-vous hâte de commencer une nouvelle journée, une nouvelle semaine ?

Souvent, il ne suffit pas de se demander ce que l'on a envie de faire ou ce qui apporterait le plus de sens et de plaisir. Il faut creuser plus profond. Ohad Kamin, mon professeur de philosophie, m'a dispensé quelques conseils quand, après ma maîtrise, je ne savais trop où me diriger. « La vie est courte. En choisissant une voie, assurez-vous d'abord de repérer les choses que vous *pouvez* faire. Parmi elles, ne retenez que celles que vous voulez faire. Puis réduisez encore votre choix en vous concentrant sur ce que vous voulez *vraiment* faire. Pour finir, sélectionnez seulement les choses que vous voulez *vraiment, vraiment* faire. Ensuite, foncez. » En somme, il m'a dessiné virtuellement quatre cercles concentriques, celui du milieu contenant les quêtes qui me rendraient le plus heureux.

Le cercle extérieur symbolise les possibilités qui me sont offertes. Le plus petit englobe mes besoins et désirs les plus profonds. C'est en recherchant ceux-ci que je me sentirai exister de manière authentique et que je réaliserai mon rêve en tant qu'auteur de ma propre vie. Nous ne pouvons pas toujours nous offrir le luxe de suivre les prescriptions du cercle intérieur, nombreuses étant les contraintes échappant à notre contrôle. Toutefois, en répondant franchement et scrupuleusement à ces questions, on peut s'embarquer pour un voyage menant à l'accomplissement de ses rêves. Les mots, après tout, peuvent donner naissance à des mondes…

PAUSE

Quelles sont les choses que vous voulez vraiment, vraiment faire ?

Mon épouse, Tami, et moi-même nous aidons souvent à nous fixer des buts, individuels ou mutuels. Il y a quelques années, comme j'évoquais la nécessité d'arrêter une *deadline* – une date limite – dans le cadre d'un de mes objectifs, elle m'a fait remarquer que si les objectifs autoconcordants nous inspirent (c'est-à-dire s'ils nous « animent du souffle de l'esprit »), il serait plus approprié de parler de *lifeline*, en substituant « vie » (*life*) à « mort » (*dead*). Ainsi, en avançant vers des objectifs chargés à la fois de sens et d'attrait, donc qui nous dotent de bénéfices aussi bien immédiats qu'à venir, nous revivifions le temps au lieu de le « tuer[1] ».

Si l'on en croit Abraham Maslow, « l'action de se concentrer sur une tâche précise produit de l'organisation dans l'efficacité, à la fois à l'intérieur de l'organisme et dans son environnement ». C'est particulièrement vrai quand la tâche est autoconcordante, à savoir alignée sur nos intérêts et nécessités profonds. Dans le dernier entretien qu'il a accordé, Joseph Campbell, grand spécialiste de la mythologie, s'est entendu demander par le journaliste Bill Moyers s'il lui était arrivé de se sentir « guidé par une main invisible » :

En permanence. C'est miraculeux. J'ai même développé une superstition à cause de la constante intervention de cette main – je veux dire par là que si vous suivez sincèrement votre « voix intérieure de félicité[2] » vous vous orientez de vous-même vers un chemin qui a toujours été là, à attendre que vous l'empruntiez ; alors la vie que vous méritez de vivre devient celle que vous vivez. Quand vous avez compris cela, vous commencez à rencontrer des gens qui vivent le même genre d'intuition heureuse, et qui vous

---

1. Dans *Plaidoyer pour le bonheur* (Nil, 2003), Matthieu Ricard soulève bien le problème posé par cette expression.
2. Ces entretiens entre J. Campbell et B. Moyers sont parus sous le titre *Follow Your Bliss* (1989), dont cette formule tente de rendre le sens dans le contexte particulier développé par l'auteur. *(N.d.T.)*

ouvrent leur porte. Je vous le dis, suivez votre voix intérieure, celle qui vous conduit à votre félicité propre, et ne craignez rien, des portes s'ouvriront là où vous n'en soupçonniez même pas l'existence.

Ainsi que le démontrent les travaux portant sur les objectifs autoconcordants, cette conviction est, chez Campbell, bien plus qu'une superstition. Lorsque nous suivons la voix intérieure, intuitive, qui nous souffle le chemin du bonheur, non seulement nous prenons davantage plaisir au trajet mais encore nous obtenons au bout une réussite plus grande. Privés de cette sensation explicite et motivante qui dirige nos pas, nous risquons d'errer sans but, de tourner en rond, de nous retrouver séparés de notre moi réel, authentique. Mais, quand on sait où l'on va (et qu'on veut vraiment *vraiment* y aller), on a beaucoup moins de mal à tenir le cap, à rester fidèle à soi-même. On dira plus facilement non aux contraintes extérieures, aux demandes non conformes à nos intérêts, aux sirènes du prestige – et oui à la vocation, l'appel de cette voix qui vient du plus profond de nous-même.

Le temps est un « jeu à somme nulle » – pour reprendre une formule de la Théorie des Jeux –, une ressource limitée. La vie est trop courte pour se contenter de ce qu'on a à faire ; elle dure à peine assez longtemps pour ce qu'on veut faire.

EXERCICES

Se fixer des objectifs autoconcordants

Les individus qui formulent et poursuivent des buts autoconcordants sont en général plus heureux et réussissent mieux dans la vie. Mettez par écrit ce que vous voulez vraiment vraiment faire dans chaque domaine clé de votre existence – de votre vie sentimentale à votre activité professionnelle. Pour chacun, prenez en compte les éléments suivants[1] :

- *Les objectifs à long terme.* Objectifs concrets à parcours bien défini s'étendant sur une période de une à trente années. Ils doivent représenter un défi à relever, mettre vos limites à l'épreuve. N'oubliez pas qu'en ce qui concerne l'obtention du bonheur à long terme le facteur le plus important n'est pas de réaliser ou non vos objectifs, mais de vous libérer au point de vous rendre capable de profiter de l'ici et maintenant, du voyage en soi. Par exemple, un de mes buts à long terme est de mettre sur pied un cursus universitaire autour du bonheur, qui comprendra une série d'ouvrages, de cours filmés et d'ateliers pratiques, le tout d'ici au 1er juin 2013 (j'en donne le détail dans le dossier personnel que je tiens à jour sur cet objectif donné).

- *Les objectifs à court terme.* Étape consistant à diviser et conquérir les buts à long terme. Que faut-il que vous fassiez cette année, ce mois-ci, aujourd'hui, pour atteindre vos buts à long terme ? Personnellement, à l'instant où j'écris, l'un de mes objectifs à court terme, qui dérive directement de mon but à long terme, est de finir le premier jet du présent ouvrage avant la fin du mois de septembre.

- *Le plan d'action.* Que devez-vous faire ce mois-ci, cette semaine, aujourd'hui même, pour chercher à atteindre vos buts, à court comme à long terme ? Inscrivez dans votre agenda les initiatives concrètes que vous devrez

---

1. Pour une méthode plus élaborée, se reporter au chapitre 11 de l'ouvrage *Bâties pour durer : les entreprises visionnaires ont-elles un secret ?* (First, 1996) de J. Collins, et J. L. Porras.

mener à bien, soit de façon régulière, hebdomadaire ou quotidienne (on en revient aux rituels), soit en une seule fois. Pour ma part, en ce moment précis, ce que je fais participe de mon plan d'action : c'est un rituel quotidien au cours duquel je me réserve trois heures pour travailler sur ce livre.

Si on ne se définit pas d'objectifs précis, on est à la merci de forces extérieures – ce qui conduit rarement à des activités autoconcordantes. On est donc face à un choix : réagir passivement aux exigences extrinsèques, ou contribuer de manière active à la création de sa propre vie.

Le comité du bonheur

Réunissez votre propre petit « comité du bonheur », à savoir un groupe de gens qui ont de l'affection pour vous et qui vous demanderont des comptes par rapport au capital suprême. Demandez à chaque membre de ce « comité » de suivre vos engagements personnels et de s'assurer que vous y travaillez. Retrouvez-vous régulièrement pour évoquer votre évolution, savoir si vous avez réalisé des progrès significatifs, si vous êtes disposé à faire plus d'efforts ou si vous préférez changer de cap.
Il n'est pas facile d'être constant dans ses engagements et la poursuite de ses objectifs. Il faut du temps pour qu'une pratique devienne une habitude, un rituel ; aussi, au bout du compte, bien souvent les volontés de réforme échouent. Le changement (qu'il s'agisse de se mettre à la gymnastique, de tordre le cou à la procrastination ou de passer plus de temps avec sa famille) a plus de chances de durer quand on bénéficie du soutien d'autrui.
En plus de fonder votre propre « comité du bonheur », devenez membre d'autres comités du même type. (Vous pouvez par exemple fonder un petit groupe dont chaque membre fait partie de celui des autres.) Ce faisant, vous rendrez service à vous-même autant qu'à vos pairs : en

demandant des comptes aux autres en termes de capital suprême, et en leur rappelant de se livrer toujours à des occupations tant signifiantes que plaisantes, vous renforcerez indirectement votre engagement personnel vis-à-vis du bonheur[1].

---

1. Les travaux de recherche existants dans le domaine de la « dissonance cognitive » (L. Festinger, [1957], *A Theory of Cognitive Dissonance*, The Stanford University Press) et la théorie de l'« autoperception » (D. J. Bem, [1967]. *Self-perception : An Alternative Interpretation of Cognitive Dissonance Phenomena. [L'Autoperception : pour une autre interprétation des phénomènes de dissonance cognitive]*, dans *Psychological Review,* n° 74, pp. 183-200) laissent entendre que si nous adhérons ouvertement à telle ou telle opinion notre engagement personnel vis-à-vis d'elle s'en trouvera renforcé. Ainsi, si nous affirmons devant d'autres l'importance du bonheur en tant que capital suprême, et si nous leur recommandons de mener des activités chargées de sens et d'attrait, nous augmentons chez nous-même la probabilité de pérenniser les occupations qui feront notre propre bonheur.

DEUXIÈME PARTIE

Le bonheur en pratique

6

Le bonheur dans l'éducation

> *Notre meilleure chance d'être heureux est de nous instruire.*
>
> Mark Van Doren[1]

Mon frère a fait des études de psychologie à Harvard. Avant de s'inscrire, il passait le plus clair de son temps à lire des ouvrages de psycho, parler psycho, écrire et réfléchir sur ce sujet. Et voilà qu'une fois à l'université il s'est rendu compte que ça ne lui plaisait pas.

Il n'était pas le seul. La plupart des étudiants n'ont guère de goût pour le travail scolaire. On peut donc se demander ce qui les motive, pour qu'ils consacrent autant de temps à leurs études. En discutant avec mon frère de sa déception, j'ai mis au point deux modèles illustrant la manière dont les étudiants se motivent : la « noyade » et l'« acte d'amour ».

Le premier met en lumière deux facteurs : le désir de se libérer de la souffrance est un moteur puissant, et, une fois libéré, on peut prendre à tort ce soulagement

---

1. Poète et critique américain (1894-1973). *(N.d.T.)*

pour du bonheur. Si on vous maintient la tête sous l'eau, vous vous sentirez mal, souffrirez, et vous débattrez pour vous dégager. Si au dernier moment on vous lâche la tête, vous aspirerez une grande goulée d'air et vous connaîtrez quelques secondes de soulagement enivrant.

La situation est certes moins dramatique dans le cas des étudiants qui s'ennuient à l'université ; pourtant, la nature de la motivation (le besoin d'éviter un effet négatif) est comparable. Pendant tout un semestre, en s'immergeant dans ce qu'ils considèrent comme une corvée, les étudiants se motivent avec la peur de l'échec. Après, libérés de leurs manuels, leurs devoirs, leurs partiels, ils sont submergés par le soulagement – et, sur le moment, cela peut ressembler de très près au bonheur.

Ce leitmotiv souffrance/soulagement est le modèle qui nous est inculqué depuis l'école primaire. On voit bien que si l'élève n'a pas connaissance d'une alternative il considérera la perspective de vivre en fonceur comme étant la plus normale, la plus séduisante.

Le modèle « acte d'amour », en revanche, propose une vision différente des études, qui inclut un bénéfice immédiat aussi bien qu'à venir. Les nombreuses et délicieuses heures qu'on passe alors à apprendre, lire, faire des recherches, réfléchir et rédiger s'apparentent aux prémices de l'acte d'amour. Le moment de l'« eurêka », celui où s'abolit la distinction entre savoir et intuition, où l'on trouve la solution à un problème, par exemple, est comparable à l'orgasme. Comme dans notre premier modèle, il existe un objectif final qu'on appelle de ses vœux, à la différence qu'ici on retire une satisfaction de tout ce qu'on fait en cours de route.

Il revient à chaque étudiant – surtout à l'université, où il jouit d'une plus grande indépendance – de faire que le processus d'apprentissage soit plaisant par lui-même. Cela dit, le temps qu'il acquière la maturité nécessaire pour endosser la responsabilité de son éducation, il a en général d'ores et déjà intériorisé la philosophie du fonceur. Il sait par ses parents que les bonnes notes, les prix sont la mesure de la réussite, qu'il doit rapporter des bulletins scolaires exemplaires plutôt que prendre plaisir à apprendre pour apprendre. Ce sont les éducateurs eux-mêmes (les parents comme les enseignants), soucieux du bonheur des enfants, qui devraient avant tout être convaincus que le capital suprême est bel et bien le bonheur. Les enfants sont très sensibles aux signaux ; ils intériorisent les convictions de leurs éducateurs même quand elles restent informulées.

À l'école, il faudrait les pousser dans les voies qui leur apportent sens et plaisir. Si un élève a décidé de travailler dans le social (et s'il a pris le temps de réfléchir au prix et aux bénéfices d'une telle carrière), ses professeurs devraient l'encourager dans ce sens, même s'il a effectivement plus de chances de s'enrichir en devenant banquier d'affaires. En revanche, s'il décide de travailler dans la finance, ses parents doivent approuver son choix même s'ils ont toujours rêvé de le voir faire de la politique. Pour les éducateurs qui croient au capital suprême, rien de plus logique, de plus naturel[1].

---

1. Ici, je ne préconise pas les formes d'éducation laxistes consistant à satisfaire tous les caprices de l'enfant, céder à ses goûts et dégoûts instinctifs. Les éducateurs qui obtiennent les meilleurs résultats sont ceux qui parviennent à trouver un équilibre entre les limites imposées et les pratiques démocratiques, la fermeté et une certaine marge de manœuvre. Pour aller plus loin sur les méthodes éducatives, voir : Paula Polk Lillard, *Pourquoi Montessori aujourd'hui*, Desclée de Brouwer, 1984, et H. G. Ginott, *Entre parents et adolescents*, Robert Laffont, 1970. *(N.d.T.)*

PAUSE

Rappelez-vous le meilleur enseignant de votre parcours scolaire. Qu'a-t-il (ou elle) dû faire pour extraire l'amour de l'étude qui était en vous ?

En mettant l'accent sur le résultat (tangible) plutôt qu'en cultivant l'envie d'apprendre (abstraite), l'école renforce la mentalité de fonceur tout en freinant le développement affectif de l'enfant. Le jeune fonceur apprend : *1.* que la récompense affective est secondaire par rapport aux résultats concrets, évidents, qui suscitent l'approbation, et *2.* : que les émotions sont un obstacle sur le chemin de la réussite, qu'il vaut donc mieux ne pas en tenir compte, voire les refouler.

Le paradoxe, c'est que ces émotions sont indispensables non seulement à l'obtention du capital suprême, mais aussi à la réussite matérielle. Dans *L'Intelligence émotionnelle*, selon D. Goleman, les psychologues s'accordent à dire que le QI entre pour 20 % seulement dans les facteurs déterminants de la réussite sociale, tandis que les 80 % restants proviennent d'autres facteurs, notamment ce qu'il appelle l'« intelligence émotionnelle ». Évidemment, la tournure d'esprit du fonceur va à l'encontre de cette dernière, donc de la perspective d'une vie heureuse *et* marquée par la réussite.

Aussi, que peuvent faire les enseignants et les parents pour que les élèves prennent plaisir à fréquenter l'école tout en y obtenant de bons résultats ? Comment concilier succès scolaires et envie d'apprendre ? On trouve justement dans les travaux de Mihaly Csikszentmihalyi sur ce qu'il appelle l'« état de flux » d'importantes avancées et recommandations concernant la création – à la maison et à l'école – d'un milieu propice à l'instauration de bénéfices tant immédiats que futurs, générateurs de sens et de plaisir.

L'ÉTAT DE FLUX

D'après Csikszentmihalyi, en état de flux on est immergé dans une sensation fructueuse en et par elle-même, avec laquelle on a l'impression de ne faire qu'un, et où « action et conscience fusionnent[1] ».

Il nous est arrivé à tous d'être absorbés dans la lecture d'un livre ou la rédaction d'un texte au point de ne pas entendre qu'on nous appelle. De la même façon, on fait la cuisine, on bavarde avec un (ou une) ami(e), on joue au basket au jardin public du coin et, tout à coup, on se rend compte avec stupeur que des heures ont passé. Ce sont là des états de flux.

On y jouit à la fois de l'expérience *et* de la performance optimales : on se fait plaisir et on donne le meilleur de soi-même. Les athlètes américains appellent cela « être dedans ». Quelle que soit l'activité à laquelle on se livre en état de flux (taper dans un ballon, sculpter le bois, écrire un poème, bûcher pour un examen), on est entièrement focalisé sur elle ; rien d'autre ne peut nous distraire, retenir notre attention. Et ces phases de performance opti-

---

1. Les travaux de Mihaly Csikszentmihalyi sur l'état de flux ou d'expérience optimale ont de vastes répercussions aussi bien au niveau de l'individu que de la société tout entière. Pour en savoir plus, *cf.* Csikszentmihalyi, *Vivre : la psychologie du bonheur (op. cit.).*

male sont enrichissantes, sources d'évolution, de progression personnelles ; elles nous font avancer vers notre objectif.

Selon Csikszentmihalyi, pour atteindre cet état, il est essentiel de se donner des buts, d'avoir une raison d'être bien claire. Les objectifs peuvent varier avec le temps, mais l'orientation de l'activité choisie doit être dépourvue d'ambiguïté lorsqu'on s'y livre. Si on ne se laisse pas détourner de son but par tout ce qu'on pourrait faire d'autre, si on est engagé à fond envers son objectif, on devient libre de se consacrer pleinement à la tâche réclamant une attention immédiate. Comme je l'évoquais dans mon chapitre justement consacré aux objectifs, le fait de se représenter clairement sa destination nous libère l'esprit pour profiter du voyage. En état de flux, bénéfices présent et futur se confondent : avoir un objectif à long terme bien défini ne compromet pas la faculté de vivre pleinement l'ici et maintenant ; au contraire, cela y contribue. Les états de flux conduisent à un bonheur plus grand en transformant le « on n'a rien sans rien » en « avoir maintenant, c'est avoir plus tard ».

Les recherches de Csikszentmihalyi sur ce thème font ressortir que le fameux modèle « on n'a rien sans rien » se fonde sur un mythe : on atteindrait son niveau de performance optimale uniquement via un effort démesuré et prolongé. Or, l'étude de ces « flux » démontre que la souffrance n'est pas, en réalité, la condition idéale pour parvenir à la performance optimale. Il est plus juste de dire qu'il existe entre l'effort démesuré et l'effort réduit une zone bien spécifique où non seulement on est au sommet de ses capacités mais où, en plus, on y prend plaisir. Cette zone, on y entre quand les activités représentent un degré approprié de défi lancé à soi-même, quand la tâche à accomplir n'est ni trop difficile ni trop facile.

Le graphique *ci-dessous* montre que si le degré de difficulté de la tâche est élevé et le niveau d'aptitude bas, on ressent de l'angoisse ; si au contraire le niveau d'aptitude est élevé et le degré de difficulté de la tâche bas, on s'ennuie.

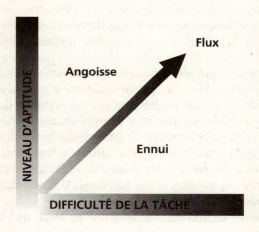

L'état de flux survient quand la difficulté de la tâche et le niveau d'aptitude coïncident.

PAUSE

Quelles sont les circonstances dans lesquelles vous vous trouvez en état de flux ?

Comme ils s'ennuient ou s'angoissent à l'école, de nombreux élèves ne peuvent ni y prendre plaisir ni y donner le meilleur d'eux-mêmes. Pour qu'ils retirent de leur scolarité un plus grand bénéfice immédiat et différé, il faudrait qu'elle corresponde au niveau d'aptitude de chacun, les professeurs ayant structuré cours et autres activités dans ce but. Comme le laisse entendre mon schéma, il existe deux façons bien distinctes de s'y prendre pour empêcher les élèves d'expérimenter l'état de flux. Il suffit, premièrement, d'instaurer un milieu stressant, générateur d'angoisse ; et, deuxièmement, de faire en sorte que ce milieu ne comporte ni défi à relever ni effort à fournir, ce qui entraîne immanquablement l'ennui.

Dans le premier cas, l'enseignant applique le modèle « noyade ». L'enfant est trop « poussé », au-delà même de ses limites ; le travail scolaire devient synonyme de souffrance, d'anxiété et de malheur. Il est incité à se concentrer davantage sur le résultat que sur le processus, et devient rapidement un jeune fonceur qui a du mal à vivre des états de flux, que ce soit à l'école ou ailleurs, dans le travail comme dans les loisirs.

Dans le second cas de figure, à la place de l'effort disproportionné et de l'angoisse, on est face à un élève qui tourne au-dessous de ses moyens et s'ennuie. En effet, quand on ne se donne pas assez de mal, on se handicape autant que si on s'épuisait à la tâche ; ces élèves-là sont incapables de connaître des états de flux, mais pour les raisons inverses des précédents. Les éducateurs, en particulier les parents, confondent effort et peine ; en voulant protéger les enfants de cette dernière, ils leur passent tous leurs caprices et leur épargnent les défis à relever. En cherchant à leur offrir une existence « privilégiée », ils les empêchent de lutter pour ce qu'ils veulent, donc de se trouver en état de flux et d'éprouver de la satisfaction en surmontant des épreuves.

Quand j'étais petit, ma bande dessinée préférée était l'histoire du *Pauvre Petit Garçon riche*, qui se débattait dans un environnement où, apparemment, il ne manquait de rien. La contradiction contenue dans le titre (pauvre et riche à la fois) se comprend très bien si l'on invoque ma notion de capital suprême. Dans nos sociétés relativement opulentes, on voit de plus en plus d'enfants (et d'adultes) issus de milieux très favorisés qui ne sont pas heureux pour autant. Certains appellent cela la « pléthorite aiguë[1] » ; mais, selon moi, ces privilégiés sont plutôt des défavorisés.

LES DÉFAVORISÉS DE L'OPULENCE

Samuel Smiles, père de l'école contemporaine de l'épanouissement personnel, ou pensée positive[2], écrivait en 1858 qu'il fallait donner à tous les jeunes gens l'impression que leur bonheur et leur réussite dans la vie reposaient essentiellement sur eux-mêmes et sur le résultat de leurs propres efforts, non sur l'assistance et la bienveillance d'autrui. Quand les parents « aident » leurs enfants à contourner les tâches ardues, à long terme ils courent le risque de compromettre gravement leur bonheur. Smiles ajoutait que, pour lui, il n'y avait sans doute pas de pire malédiction que d'avoir vu tous ses désirs comblés sans effort, ce qui ne laissait aucune place à l'espoir, aux aspirations et au combat. Face à

---

1. En anglais : *affluenza*, contraction des mots « affluence » (l'aisance matérielle) et « influenza » (la grippe). *(N.d.T.)*
2. En anglais « *self-help* ». *(N.d.T.)*

un défi à relever, les enfants trouvent comme les adultes du sens dans l'aboutissement de leurs efforts, et prennent plaisir au processus qui y mène.

L'existence de « défavorisés de l'opulence » explique dans une certaine mesure que le nombre de cas de dépression soit en hausse dans nos sociétés d'abondance relative, et que la dépression frappe des individus de plus en plus juvéniles. Nombre de jeunes ont, littéralement, eu une vie trop facile.

La bagarre, les épreuves, les obstacles à franchir sont des éléments nécessaires dans une vie affective riche ; il n'existe pas de raccourcis vers le bonheur. Et pourtant, face aux êtres qui se débattent – surtout s'il s'agit de nos enfants –, notre réaction immédiate est de chercher à leur rendre les choses plus faciles. Les laisser dans le pétrin alors qu'on a les moyens de leur rendre la vie plus douce, voilà qui ne nous paraît pas naturel ; mais il vaut parfois mieux réfréner ses impulsions et leur donner le privilège de l'infortune.

La détresse est également répandue chez les riches parce que, de plus en plus, on *attend* d'eux qu'ils soient heureux. J'ai été plus d'une fois confronté à ce phénomène chez mes étudiants issus de milieux privilégiés. « Comment voulez-vous que j'aie le droit, ou des raisons, d'être malheureux ? » me demandent-ils régulièrement. Ils ont l'impression d'être des ingrats, de ne pas apprécier leur sort à sa juste valeur, ce qui engendre un sentiment de culpabilité. De surcroît, ne se trouvant pas de raison valable d'être malheureux, ils s'en prennent à eux-mêmes et se dévalorisent. La pression qu'on exerce sur eux pour qu'ils s'estiment heureux, le sentiment de culpabilité et d'inadéquation face aux émotions négatives, ne fait que les rendre encore plus malheureux. Ce qu'ils ne voient pas – et, dans le monde matérialiste où nous vivons, ils sont loin d'être les seuls —, c'est que les sentiments n'ont rien à voir avec la fortune personnelle.

L'ÉMOTION :
LA « GRANDE ÉGALISATRICE »

Les uns comme les autres, nous avons au départ la faculté d'éprouver de grandes souffrances, de grandes joies, et les diverses émotions intermédiaires – nous passons tous par là. Tout le monde n'a pas accès aux biens matériels dans les mêmes proportions, mais le capital suprême, lui, est accessible à la plupart. Comme je le fais remarquer plus haut, hormis pour ceux qui vivent dans des conditions de pauvreté extrême ou sous un régime particulièrement répressif, bonheur et malheur sont au monde les choses les mieux partagées. Dans un article intitulé « Qui sont les gens heureux ? », David Myers et Ed Diener récapitulent les travaux de recherche portant sur le bien-être subjectif en disant que le bonheur et le niveau de satisfaction par rapport à la vie qu'on mène sont accessibles de la même manière aux jeunes et aux vieux, aux femmes et aux hommes, aux Noirs et aux Blancs, aux riches et aux classes laborieuses. La « grande égalisatrice », c'est le capital suprême.

Pour paraphraser le philosophe et économiste anglais Adam Smith, qui vivait au XVIIIe siècle, au regard du bonheur véritable dans l'existence des hommes, les indigents ne sont aucunement inférieurs à ceux qui pourraient leur paraître infiniment supérieurs. Lui-même écrivait du point de vue des classes avantagées (et avec l'arrogance de son temps), mais il avait raison : on n'a aucune raison de croire que la souffrance ou la joie diffèrent, qualitativement ou quantitativement, chez les pauvres et chez les riches. Une fois assurés les besoins fondamentaux (alimentation, logement, éducation appropriée), il n'y a pas grand-chose pour distinguer les diverses couches socioprofessionnelles en matière d'affectivité.

Le malheur des riches n'est ni moins réel, ni moins naturel, ni moins courant que celui des pauvres ; aussi n'est-il pas moins justifié. À différentes périodes de notre vie, nous passons par des moments de tristesse, d'angoisse, mais également de joie et de bonheur. Si nous ne nous autorisons pas à vivre ces émotions, nous nous rangeons dans la catégorie des défavorisés en capital suprême, que nous connaissions ou non l'aisance matérielle. Nul privilège au monde ne saurait nous protéger de la souffrance affective, même du défaitisme, dans certaines circonstances ; et si l'on se berce de cette illusion, on ne fait que s'éloigner du bonheur. Indépendamment de nos revenus et de notre statut social, nous devons absolument nous autoriser à être avant tout des êtres humains[1].

PAUSE

Acceptez-vous les sentiments négatifs en les considérant comme naturels, ou bien les rejetez-vous en bloc ? Vous autorisez-vous à être humain ?

---

[1]. Je me propose de développer ce point et quelques hypothèses connexes de manière beaucoup plus approfondie dans mon prochain ouvrage, *The Permission to Be Human* [*S'autoriser à être humain*].

LE PRÉJUGÉ ENVERS LE TRAVAIL

Les travaux de Mihaly Csikszentmihalyi montrent qu'un enfant de douze ans établit déjà une distinction nette entre travail et jeu, distinction qui ne le quittera plus. Les enfants saisissent très bien que l'éducation, c'est le travail scolaire, les devoirs à la maison, le dur effort d'apprentissage. Or, en percevant l'école comme un labeur, ils s'interdisent de prendre plaisir au processus éducatif, et cela parce que dans toute la société règne un préjugé à l'encontre du travail. Ce préjugé est profondément enraciné dans la mentalité occidentale et on en voit la trace dans les textes les plus influents.

Adam et Ève menaient l'exemple type de l'existence oisive : ils ne travaillaient pas, ne prévoyaient pas l'avenir. Après avoir goûté au fruit défendu, ils furent chassés du Jardin d'Éden, et condamnés, ainsi que leur descendance, à gagner leur pain à la sueur de leur front. La notion de labeur acharné comme châtiment est si bien ancrée dans nos civilisations que nous inclinons à dépeindre le paradis – lieu idéal de l'existence idéale – comme exempt de toute peine, et bien sûr de travail. Il s'avère pourtant qu'en ce bas monde pour être heureux on a besoin de travailler.

Dans un article intitulé *Optimal Experience in Work and Leisure* [*L'Expérience optimale dans le travail et les loisirs*], Mihaly Csikszentmihalyi et Judith LeFevre démontrent que l'être humain préfère les loisirs au travail, ce qui ne surprendra pas grand monde. Toutefois, ils mettent aussi au jour un autre facteur : les gens connaissent davantage d'« états de flux » au travail que chez eux.

Ce paradoxe (nous prétendons préférer les loisirs, mais c'est dans notre métier que nous passons par le plus d'expériences optimales) est à la fois insolite et révélateur. Il laisse supposer que le préjugé à l'égard du travail, l'assimilation effort/souffrance et oisiveté/plaisir, est si profondément enraciné en nous qu'il déforme la perception de ce que nous vivons en réalité. En portant machinalement et fréquemment un jugement négatif sur ce qu'on vit de positif au travail en fonction d'un simple automatisme acquis, on limite fortement son potentiel de bonheur, car, pour être heureux, il ne suffit pas de ressentir des émotions positives, il faut aussi les percevoir comme telles.

Le lieu de travail peut et doit fournir l'occasion d'éprouver des sentiments positifs. Selon Parker Palmer, un professeur auteur de *The Courage to Teach* [*Le Courage d'enseigner*], « dans une société qui ne fait parfois pas la différence entre travail et souffrance, il est révolutionnaire d'affirmer que la joie profonde ressentie en l'exerçant est la preuve intérieure la plus éclatante qu'on aime son métier – c'est révolutionnaire, mais vrai ». Mettre sur le même plan travail d'un côté et effort et souffrance de l'autre revient à dresser une barrière intérieure qui empêche beaucoup de gens d'être heureux à l'école ou au travail.

Pour arriver à l'être, on peut reformuler son vécu via ses aptitudes cognitives, se débarrasser de ses préjugés envers le travail. Une étude de Donald Hebb remontant à 1930 éclaire la mise en pratique de cette reformulation.

On annonce à six cents élèves âgés de six à quinze ans qu'ils sont désormais dispensés de travail scolaire. S'ils ne sont pas sages en classe, leur punition consistera à sortir jouer dans la cour. S'ils se tiennent bien, leur récompense prendra la forme de devoirs supplémentaires. Selon Hebb, dans un tel contexte, les élèves se sont tous rendu compte, en un jour ou deux maximum, que, dans certaines limites, ils préféraient travailler plutôt que rester oisifs (incidemment, ils ont avancé plus vite en arithmétique et dans d'autres disciplines que les années précédentes). En apprenant à reformuler son métier ou son cursus scolaire, en le considérant comme un *privilège* et non plus comme une *contrainte,* et en faisant de même pour nos enfants, on accumulera beaucoup de capital suprême. De plus, on apprendra mieux et on réalisera de meilleures performances.

PAUSE

Êtes-vous capable d'apprendre à percevoir votre vécu scolaire, universitaire ou professionnel comme un privilège ? Quels en sont les aspects qui vous procurent – ou sont susceptibles de vous procurer – du plaisir ?

En ayant une vision rigide du bonheur qui exclut la notion d'effort et de lutte comme sources potentielles de capital suprême, on passe à côté des possibilités les plus favorables de se ménager une existence épanouissante. À l'école, au bureau, on ne reconnaît pas les occasions d'être heureux et on ne les met pas à profit ; ailleurs, on gaspille son temps « libre » en le… libérant de l'effort, du défi et donc du sens, dans l'ensemble. On en retire alors le sentiment que le bonheur nous échappe inexorablement.

Dans le meilleur des cas, le système éducatif devrait aider élèves et étudiants à prospérer, matériellement et affectivement. Pour ce faire, l'école ne doit pas se contenter de mettre l'accent sur les côtés pratiques (en dépassant par exemple la trilogie lire/écrire/compter).

Personnellement, je lui suggérerais de faire rimer « éducation » avec « délectation ». Il faut que les enseignants créent en classe des conditions telles que les élèves se délectent d'apprendre, de faire des progrès, tout simplement de vivre. Nous sommes nombreux à passer ou à avoir passé beaucoup d'années dans des salles de cours, et c'est pendant ces années de formation que se sont forgées nos attentes, nos habitudes. Si, à ce moment-là de notre vie, on nous pousse à rechercher le bonheur et à nous focaliser sur des activités susceptibles de produire du capital suprême, on a plus de chances d'agir de même plus tard. Si, au contraire, on ne fait que foncer comme des rats dans un labyrinthe et devenir de bons petits carriéristes-fonceurs en passant allègrement d'une classe à la suivante, il est probable qu'on poursuivra dans cette voie après l'obtention de notre diplôme final.

Au lieu de guider les élèves vers des objectifs, activités et défis signifiants, de nombreux éducateurs se préoccupent plutôt de leur faire décrocher de bonnes notes aux examens. Comme Csikszentmihalyi le souligne :

> Ni l'école ni les parents ne sont doués pour apprendre aux jeunes à trouver du plaisir dans les occupations qui en valent la peine. Souvent, obsédés par l'illusion d'un modèle indigent dont ils se sont entichés, les adultes contribuent à les induire en erreur. Ils donnent aux tâches sérieuses des allures de corvées abrutissantes et pénibles, et font passer les activités superficielles pour excitantes et faciles. Dans l'ensemble, l'école ne réussit pas à apprendre aux jeunes que les sciences, les mathématiques peuvent être parées d'une beauté fascinante ; elle se borne à enseigner la routine de la littérature ou de l'histoire au lieu d'en montrer le côté aventureux.

L'envie d'apprendre est innée : les jeunes enfants ne cessent de poser des questions, de vouloir en savoir toujours plus sur le monde qui les entoure. Les éducateurs qui les encouragent à approfondir les domaines importants à leurs yeux et qui les amènent à vivre des états de flux sont ceux qui cultivent cette envie. Ils intègrent le processus éducatif dans une aventure à la beauté fascinante : la recherche, tout au long de la vie, du capital suprême.

EXERCICES

S'inventer un programme éducatif

Les individus qui réussissent le mieux sont ceux qui apprennent tout au long de leur existence : ils posent des questions sans arrêt et ne cessent d'explorer le monde et ses sources infinies d'émerveillement. Où qu'on en soit dans sa vie – qu'on ait quinze ou cent quinze ans, qu'on traverse une phase difficile ou qu'on soit en plein épanouissement –, il faut s'inventer un programme éducatif. Celui-ci peut inclure les deux catégories suivantes : développement personnel et développement professionnel. Dans chacun des deux, engagez-vous à engranger des connaissances qui produiront à la fois un bénéfice immédiat (à propos duquel vous prendrez plaisir à lire et réfléchir) et futur (qui contribuera à votre évolution personnelle globale). Ritualisez ce programme en réservant des créneaux hebdomadaires réguliers à votre propre éducation.

Par exemple, dans la catégorie « développement personnel », engagez-vous à lire *Les Six Clés de la confiance en soi*[1] de

---

1. *Op. cit. (N.d.T.)*

Nathaniel Branden et à faire les exercices de phrases à compléter. En outre, prenez la ferme décision de vous inscrire à un cours de psychologie positive dans une université proche de votre domicile et à tenir un journal intime. Et pour ce qui est du développement professionnel, cherchez-vous un mentor qui vous inspire confiance, ou lisez tout ce qui concerne les dernières nouveautés relatives à votre métier.

Le privilège de l'épreuve

Pour ma part, je ne crois pas que ce qui nous arrive soit systématiquement positif, mais je sais que certains sont capables de positiver ce qui leur arrive. Nous n'accueillons pas l'adversité à bras ouverts ; pourtant, elle peut jouer un rôle important dans notre évolution. Une vie dénuée de luttes et conflits n'est pas forcément ce que l'on peut nous souhaiter de mieux.
Mettez par écrit une épreuve pénible que vous avez dû affronter – un échec personnel, une période pendant laquelle vous vous êtes longuement débattu. Quand vous l'aurez décrite de la façon le plus détaillée possible, précisez les leçons que vous avez apprises à cette occasion, les bénéfices que vous avez retirés de cette expérience. Sans minimiser ni banaliser la souffrance associée, dites quels en ont finalement été les avantages pour vous, notamment en capital suprême. A-t-elle fait de vous un être plus résilient ? Y avez-vous gagné d'importants enseignements ? Êtes-vous capable, depuis, de mieux apprécier certaines choses ? Y a-t-il d'autres leçons à en tirer ?
Si vous faites cet exercice en groupe, aidez-vous mutuellement pour repérer les éventuels bénéfices supplémentaires de cette expérience. Mettez-la à profit le plus possible. Comme le dit ma collègue Anne Harbson : « Une bonne crise, ça s'exploite. »

7

Le bonheur sur le lieu de travail

> *Goûtons la joie qui naît du labeur.*
>
> Henry Wadsworth Longfellow

Il y a dix ans, j'ai fait la connaissance d'un jeune avocat d'affaires employé par un prestigieux cabinet juridique new-yorkais, lequel s'apprêtait à lui proposer d'accéder au statut d'« associé » au sein de la firme. Il possédait un luxueux appartement donnant sur Central Park et venait de s'acheter cash une BMW neuve.

Il travaillait énormément, à raison de quelque soixante heures par semaine de présence au cabinet. Le matin, il avait toutes les peines du monde à se lever car il n'y avait pas grand-chose pour le motiver : les réunions avec ses clients ou ses collègues, les rapports et autres contrats à rédiger qui emplissaient ses journées ne représentaient à ses yeux qu'une série de corvées à exécuter l'une après l'autre.

Quand je lui ai demandé comment il gagnerait sa vie s'il avait la possibilité de choisir, il m'a répondu : « En travaillant dans une galerie d'art. » Y avait-il donc pénurie d'emplois dans ce domaine ? Non, me précisa-t-il, pas du tout. Alors, c'était qu'il ne possédait pas les qualifications nécessaires ? Au contraire, me fit-il savoir. Seulement, cela représenterait une baisse considérable de ses revenus, donc de son niveau de vie. Il haïssait son cabinet juridique, mais ne voyait pas comment y échapper.

C'était un homme malheureux, car convaincu d'être enchaîné à un travail qui ne lui plaisait pas. Il n'est pas le seul dans ce cas : aux États-Unis, seulement 50 % des employés se déclarent satisfaits de leur travail[1]. Mais il ressort clairement de mon entretien avec ce conseiller juridique et bien d'autres personnes mécontentes de leur emploi que s'ils se sentent réduits en esclavage, ce n'est pas parce qu'ils n'ont pas eu le choix mais parce qu'ils ont fait un choix qui les a rendus malheureux.

ESCLAVES DES PASSIONS

En hébreu, il semble que le mot signifiant « travail » (*avoda*) ait la même racine que celui signifiant « esclave » (*eved*). Pour la plupart, nous n'avons pas le choix : nous devons travailler pour gagner notre vie. Et même quand ce n'est pas absolument nécessaire, notre nature nous conduit à la servitude : constitutionnellement, nous sommes faits pour rechercher le bonheur ; or, pour être heureux, nous devons travailler.

---

1. Sondage effectué par l'association patronale Conference Board (2005). Pour les détails : http ://www.conference-board.org/utilities/pressDetail.cfm ?press_ID=2582

Cependant, le fait d'être asservi par les nécessités de l'existence et par notre nature même n'exclut pas la possibilité de se *sentir* libre. C'est quand on *choisit* une voie créatrice de sens et de plaisir qu'on atteint la liberté. En matière de travail, l'association entre vécu personnel et notion de liberté dépend d'une décision de notre part : on choisit l'asservissement soit à la fortune matérielle, soit à la prospérité affective ; on est réduit en esclavage par les exigences d'autrui ou par nos propres passions.

Afin d'opérer un tel choix, il faut commencer par se poser certaines questions sur soi-même. « Demandez et vous serez exaucé », dit la Bible. Quand on (s')interroge, on s'ouvre à des quêtes et conquêtes inédites – on voit des choses jamais remarquées auparavant, on découvre des pistes nouvelles.

En formulant un ensemble d'interrogations sincères, on remet en question ses idées reçues, ses partis pris, sa vision conventionnelle de ce qui est ou non faisable dans la vie. Suis-je heureux dans mon métier ? Comment être plus heureux ? Puis-je démissionner et trouver un autre travail plus signifiant à mes yeux et plus plaisant à vivre ? Si je ne peux pas me le permettre ou si, pour une raison ou pour une autre, je ne veux pas démissionner, que faire pour rendre mon travail plus agréable ?

Un employeur sensé sait créer les conditions du bonheur sur le lieu de travail. Les recherches du psychologue Richard Hackman montrent par exemple que certaines conditions procurent à un employé plus de sens à son travail. D'abord, quand ce travail fait appel à ses divers talents et aptitudes. Ensuite, quand l'employé accomplit du début à la fin la tâche qui lui est confiée, au lieu de n'être qu'un rouage de la machine. Enfin, quand il sent que son travail a un impact significatif sur autrui. Le directeur qui organisera le travail selon ces conditions aura plus de chances d'accroître le bénéfice de ses employés en termes de capital suprême.

Comme je l'évoque au chapitre 6, les travaux de Csikszentmihalyi montrent qu'une tâche représentant un défi à relever ni trop difficile ni trop aisée induit un degré supérieur d'engagement personnel ; un directeur attentif aux bénéfices ainsi engendrés (tant pour l'employé que pour sa société) aura plus de chances de distribuer les tâches avec efficacité.

PAUSE

Rappelez-vous quelques-uns de vos faits préférés survenus dans le cadre de votre travail. Qu'est-ce qui, dans tel ou tel projet, ou sur le lieu de travail lui-même, en a fait une expérience positive ?

Cela dit, on ne peut se borner à espérer que tomberont du ciel l'emploi ou l'employeur idéaux. Nous devons de notre côté aussi rechercher et introduire du sens et du plaisir dans notre lieu de travail. En rejetant la faute sur les autres (nos parents, nos professeurs, le patron, le gouvernement), on s'attire peut-être des sympathies, mais on n'avance pas vers le bonheur. En dernière analyse, c'est sur nous que repose la responsabilité de trouver l'emploi qui nous convient ou d'y instaurer les bonnes conditions pour nous.

Dans certaines situations, il est possible de restructurer l'ensemble des tâches de manière à établir un terreau favorable à l'épanouissement du capital suprême. On arrivera par exemple à l'état de flux en se fixant des buts bien définis et en se lançant des défis, même quand le travail ne l'exige pas. On assumera plus de responsabilités et on s'impliquera davantage dans les domaines qui nous intéressent ; on prendra des initiatives et s'efforcera d'augmenter sa contribution au sein de l'entreprise, peut-être en changeant de service ou en s'engageant dans un nouveau projet. Mais si notre contexte professionnel est tel que nous ne parvenons décidément pas à éprouver d'intérêt pour notre travail ni à avoir envie de nous engager davantage, même au prix d'un gros effort, on peut tenter de chercher une autre source de revenus. Dans certains cas, quitter son emploi n'est pas envisageable ; mais, bien souvent, il existe une solution de rechange : un autre travail qui, en plus de nous fournir le « capital » (au sens matériel du terme) nécessaire pour nos besoins fondamentaux, nous apporte un peu plus de capital suprême.

S'engager à changer certaines choses dans son travail ou prospecter pour un autre, voilà une perspective qui peut être effrayante. Toutefois, le changement est indispensable si on est pris au piège d'un emploi qui ne pourvoit guère qu'à nos besoins matériels. Si nous nous retrouvions à un poste qui ne nous permettait même pas de subvenir à nos besoins matériels, nous ferions notre possible pour remédier à la situation. Alors, pourquoi revoir nos exigences à la baisse quand il s'agit de notre capital suprême ? Ce qu'il nous faut, pour instaurer le changement dans notre vie, c'est du courage. Et *le courage, ce n'est pas l'absence de peur, mais la capacité de passer outre à la peur.*

Le capital au sens financier du terme et le capital suprême sont tous deux essentiels à notre survie, et n'ont *nul* besoin d'être mutuellement exclusifs. De surcroît, puisqu'on parvient à de meilleurs résultats quand on s'intéresse à ce qu'on fait, s'engager dans les activités qui nous apportent sens et plaisir peut, à long terme, aboutir à une réussite supérieure. Tout naturellement, on s'adonne avec plus d'ardeur à nos activités quand on se sent concerné – voire passionné. Sans passion, la motivation faiblit. Mais elle augmente quand la passion est là et, avec le temps, les compétences font de même.

Notre investissement personnel dans notre métier ne saurait être uniquement déterminé par ce qu'il est susceptible de nous rapporter ou de nous coûter sur le plan financier. Comme le montrait notre exemple du robot sans émotions, en l'absence d'investissement affectif dans le travail, on finit par s'en désintéresser. L'émotion est un moteur, s'émouvoir c'est se mouvoir – l'affect est notre carburant.

TROUVER SA VOCATION

Abraham Maslow disait que le plus beau destin, le plus extraordinaire dont puisse jouir un être humain, c'est d'être payé pour faire ce qu'il aime passionnément. Il n'est pas toujours aisé de discerner le type de travail qui engendrera cette « bonne fortune » en capital suprême. Les recherches examinant le rapport au travail peuvent s'avérer utiles.

La psychologue Amy Wrzesniewski et ses collègues avancent qu'il existe trois manières de vivre son travail : comme un simple emploi (un « boulot »), une carrière ou une vocation[1]. Un *emploi* est principalement perçu comme une corvée, l'intérêt étant plus le gain matériel que l'épanouissement personnel. On va au travail le matin d'abord et avant tout parce qu'il le faut. On n'en espère pas grand-chose d'autre que son chèque de salaire, on guette le vendredi ou les vacances.

Quand on entreprend une *carrière*, on est essentiellement motivé par des facteurs extrinsèques tels que l'argent, l'avancement – le pouvoir, le prestige. On attend avec impatience de bénéficier d'une promotion, de grimper d'un barreau sur l'échelle de la hiérarchie : le vacataire prie pour être titularisé, l'instituteur espère prendre la direction de l'établissement, le vice-président vise la place du président, et le directeur de la publication celle du rédacteur en chef.

Pour celui qui obéit à une *vocation*, le travail est une fin en soi. Évidemment, le chèque de fin de mois a son importance, ainsi que l'avancement ; mais on travaille d'abord parce qu'on le veut. On a des motivations intrinsèques et on éprouve un sentiment de plénitude personnelle ; les objectifs sont autoconcordants. On est passionné par ce qu'on fait et on s'épanouit dans son travail, qu'on perçoit davantage comme un privilège que comme une obligation.

---

1. *Cf.* A. Wrzesniewski et J. E. Dutton, (2001), *Crafting a Job : Revisioning Employees as Active Crafters of the Work* (*Façonner son travail : Redéfinir l'employé comme créateur de son rôle dans l'entreprise*)*,* dans *Academy of Management Journal*, 26, pp. 179-201. À l'origine, la distinction entre « emploi », « carrière » et « vocation » provient de l'ouvrage *Habits of the Heart : Individualism and Commitment in American Life*, R. N. de Bellah, R. Madsen, W. M. Sullivan, A. Swidler et S. M. Tipton, University of California Press, 1996.

PAUSE

Votre métier est-il à vos yeux un simple « boulot », une carrière ou une vocation ? Posez-vous la question en ce qui concerne les autres emplois que vous avez pu occuper par le passé.

Notre positionnement par rapport au travail (le fait de le placer dans l'une de ces trois catégories) a des conséquences sur notre bien-être, au travail et ailleurs. Wrzesniewski estime que le degré de satisfaction du sujet vis-à-vis de son travail et de sa vie en général peut très bien dépendre plus de sa perception personnelle de son emploi que du salaire ou du prestige liés à son statut professionnel.

Il faut fournir un effort conscient et concerté pour trouver sa vocation, car, le plus souvent, on se dirige vers ce qu'on *sait* faire et non ce qu'on *veut* faire. Par exemple, les conseillers en recrutement et les questionnaires de recherche d'emploi s'attardent davantage sur nos atouts que sur nos passions. Les questions du type « Qu'est-ce que je sais faire ? » sont importantes, bien sûr, quand il s'agit de choisir sa voie ; mais il faudrait ne se les poser qu'*après* avoir déterminé ce qui nous paraît chargé de sens et porteur de plaisir. Quand notre première question est : « Qu'est-ce que je *peux* faire ? », on donne la priorité à des formes de capital quantifiables (l'argent, l'approbation d'autrui) ; en se demandant : « Qu'est-ce que je *veux* faire ? » (c'est-à-dire : « Qu'est-ce qui met du sens et du plaisir dans ma vie ? »), on fait son choix en fonction du capital suprême.

LE PROCÉDÉ « SPA »
(« SENS, PLAISIR, ATOUTS »)

Trouver un emploi qui nous convienne, qui corresponde à la fois à nos passions et à nos atouts, voilà qui n'est pas évident. Mais on entreprendra cette démarche en se posant trois questions primordiales : « Qu'est-ce qui a du sens pour moi ? », « Qu'est-ce qui me fait plaisir ? », « Quels sont mes atouts ? », et en observant les tendances qui se dégagent. L'examen des résultats et le repérage des domaines qui se recoupent aident à définir le type de travail qui va nous rendre le plus heureux[1].

Pour apporter des réponses pertinentes à ces questions, on ne doit pas se contenter de griffonner ce qui nous vient à l'esprit quand, par exemple, on essaie de déterminer ce qui a du sens à nos yeux. Pour la plupart, nous avons (plus ou moins) des réponses toutes prêtes ; elles sont généralement sincères, mais ne s'appuient pas sur la gamme complète des expériences où nous avons perçu du sens. Il faudra sans doute prendre le temps de réfléchir, de s'attarder en profondeur sur les moments où, dans la vie, on a vraiment eu conscience de sa raison d'être au monde.

Il sera également utile de consacrer du temps à examiner les réponses à ces trois questions. Les listes seront peut-être longues, et la formulation des réponses pourra masquer au premier abord les zones de recoupement.

---

1. Pour une analyse plus poussée de la détection des atouts personnels, *cf.* M. Buckingham et D. O. Clifton (2001), *Découvrez vos points forts dans la vie au travail*, Éd. Village mondial, 2003. *(N.d.T.)*

LE PROCÉDÉ « SPA » À L'ŒUVRE

Nos listes seront probablement moins bien ordonnées et ciblées que dans l'exemple suivant, censé démontrer le fonctionnement du procédé dans sa forme la plus élémentaire : comment le fait de réfléchir au sens, au plaisir et à nos atouts peut rendre plus heureux et accroître les chances de réussite.

Imaginons que je trouve du sens dans la résolution des problèmes, l'écriture, le travail avec les enfants, le militantisme politique et la musique. J'aime faire de la voile, cuisiner, lire, écouter de la musique et côtoyer des enfants. Mes atouts sont le sens de l'humour, l'enthousiasme, un bon contact avec les enfants et une certaine facilité pour résoudre les problèmes.

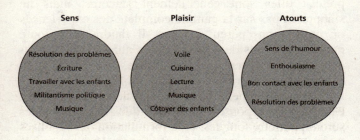

Où sont les recoupements ?

Si j'observe le deuxième diagramme, je remarque que travailler avec des enfants me donnerait du sens et du plaisir, et que j'ai des dispositions pour cela. Pour définir les professions bien précises qui me correspondraient le mieux, il faut à présent que je prenne en compte d'autres facettes de ma personnalité et de ma vie. Par exemple, je suis quelqu'un de très organisé qui aime planifier sa semaine à l'avance – et préfère donc les emplois du temps quotidiens du genre structuré. Comme j'aime aussi voyager, il serait également important pour moi que mon métier me ménage de longues périodes de congé.

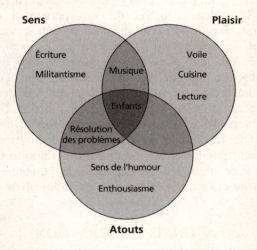

Voyons donc quelles sont les professions qui s'accompagnent d'un emploi du temps quotidien structuré et de congés prolongés ? Quels métiers pourraient mettre à profit mes autres centres d'intérêt et compétences, tels que mon entrain, mon sens de l'humour, mon amour de la lecture et de la résolution des difficultés ? Si je prends tous ces facteurs en compte, je peux envisager d'enseigner ma langue maternelle. Ce processus ne me conduira peut-être pas vers un emploi des plus rémunérateurs, mais il peut m'aider à déterminer la carrière qui me sera la plus profitable en capital suprême.

Le procédé SPA peut aussi aider à prendre d'importantes décisions dans d'autres domaines. Par exemple, à choisir une option à l'université, en opérant des recoupements entre les cours qui auraient du sens pour notre future carrière, auxquels nous prendrions plaisir et qui feraient appel à nos compétences.

Un cadre, un patron peut également recourir au procédé SPA dans l'intérêt de son personnel et de l'organisation de son entreprise ou de son service. En incitant ses subordonnés à déterminer et exercer les activités qui leur plaisent, qui correspondent à leurs aptitudes et auxquelles ils trouvent un sens, il obtiendra d'eux un engagement personnel et des performances globales supérieures. Le procédé SPA a même son utilité au niveau du recrutement : tous les postes de travail ne satisfaisant pas les besoins et n'utilisant pas les atouts de chacun, il importe que le patron crée d'emblée un lien entre la personne qu'il embauche et ce que l'entreprise aura à lui offrir.

FAÇONNER SA VOCATION

Dans le procédé SPA, on part implicitement du principe que l'individu a le choix d'exercer telle ou telle profession. Mais que se passe-t-il si ce n'est pas le cas ? Si, en raison de contraintes externes, il lui est impossible de quitter sa situation actuelle, ou de trouver un emploi qui réunisse les trois critères ? Par ailleurs, certains métiers, certains postes sont plus à même d'utiliser nos atouts tout en nous procurant sens et plaisir. On pourrait prétendre qu'être médecin a plus de sens que travailler comme vendeur de voitures d'occasion ; de la même façon, A. Wrzesniewski montre dans ses travaux que les employés occupant les postes les plus élevés dans l'organigramme de l'entreprise déclarent plus souvent que les autres percevoir leur travail comme une *vocation*.

Mais qu'on soit P-DG ou employé de bureau, médecin, vendeur ou représentant, on dispose de toutes sortes de moyens pour façonner son travail de manière à maximiser son rendement en capital suprême, afin qu'il soit vécu davantage comme une vocation que comme un simple « boulot ». Pour citer Wrzesniewski et Dutton, « même aux postes les plus circonscrits, routiniers, un employé peut exercer un certain degré d'influence sur la nature même de son travail ».

Dans les travaux qu'elles ont consacrés au personnel de nettoyage des hôpitaux, Wrzesniewski et Dutton ont délimité un groupe qui vivait son emploi comme un « boulot » (ennuyeux, dépourvu de sens), tandis qu'un autre percevait les mêmes tâches comme attrayantes et signifiantes. Les employés du second groupe avaient façonné leur travail en y mettant de la créativité. Ils avaient davantage de relations avec le personnel infirmier, les patients et les visiteurs, et se faisaient un devoir de faciliter la vie des uns et des autres à l'hôpital. Ils replaçaient en général leurs tâches dans un contexte plus large et s'employaient activement à y introduire du sens. Ils ne se bornaient pas à sortir les poubelles et laver le linge sale : ils contribuaient au bien-être des patients et au bon fonctionnement de l'établissement.

Lorsqu'il s'agit de produire du capital suprême, c'est notre façon de *percevoir* notre travail qui compte, plus que le travail lui-même. Un agent de nettoyage hospitalier conscient que sa tâche est pertinente, utile, est plus heureux qu'un médecin qui ne vivrait pas son métier comme signifiant.

Les mêmes travaux de recherche ont décelé une tendance comparable chez les coiffeurs, hôtes d'accueil, infirmiers et employés de cuisines de restaurant (des deux sexes) qui se créaient des liens avec les clients ou d'autres personnes avec qui ils étaient en contact. Wrzesniewski et Dutton ont constaté pareil phénomène chez les ingénieurs : ceux qui se percevaient comme des instructeurs, animateurs d'équipe et fondateurs de relations interpersonnelles avaient l'impression d'apporter davantage à leur entreprise, et considéraient donc leur travail davantage comme une vocation que comme un simple boulot.

PAUSE

Comment pourriez-vous vous-même façonner votre emploi actuel pour qu'il ait plus de sens ? Quels changements pouvez-vous y introduire ?

SE CONCENTRER SUR LE BONHEUR

Dans *Traité du zen et de l'entretien des motocyclettes,* Robert M. Pirsig dit que la vérité vient un jour frapper à la porte mais qu'on lui répond : « Va-t'en, je suis à la recherche de la vérité. » Alors elle s'en va… Dans notre vie professionnelle, il arrive souvent que nous passions à côté des abondantes sources de plaisir et de sens pourtant juste sous notre nez. Le bonheur potentiel est peut-être tout autour de nous mais si nous ne le voyons pas – parce que nous faisons attention à autre chose –, nous risquons de le perdre.

Pour transformer une potentialité en *réalité*, il faut d'abord *réaliser* que cette potentialité existe.

Le bonheur ne dépend pas seulement de ce qu'on fait, de ce qu'on est, mais de ce qu'on choisit de percevoir. Il y a des gens qui seront malheureux quels que soient leur métier ou leur situation affective, et qui pourtant persistent à croire qu'une intervention extérieure peut les affecter intérieurement.

Emerson avait raison : « Selon les esprits, le même monde est un enfer et un ciel. » Le même événement, au détail près, peut être perçu ou vécu de manière très différente par des personnes différentes ; ce à quoi on choisit d'accorder son attention en premier détermine en grande partie le degré de plaisir qu'on prend à ce qu'on fait – que ce soit dans les sentiments, les études ou la vie professionnelle. Par exemple, un banquier d'affaires malheureux apprendra à puiser du sens et du plaisir dans son métier s'il décide de se concentrer sur les aspects qui, à lui, peuvent en apporter. Toutefois, si – comme beaucoup de gens – il se focalise avant tout sur la gratification matérielle, il a moins de chances d'atteindre au bonheur durable. En modifiant sa perception des choses, il est possible de faire considérablement évoluer sa situation ; comme le démontrent clairement de nombreux coiffeurs, employés d'hôpital ou ingénieurs, c'est en y prêtant attention qu'on déniche le trésor.

Quand Hamlet affirme (acte II, scène 2) : « Il n'est rien de bon ou de mauvais qui ne le soit parce que nous le pensons tel », il a raison... mais pas à 100 %. Le choix du point de focalisation – la perception – compte énormément, cependant il ne faudrait pas en conclure que n'importe qui peut trouver le bonheur dans n'importe quelles conditions. Par exemple, certaines personnes auront beau se concentrer, elles ne retireront jamais ni sens ni plaisir d'une carrière dans les affaires ou dans l'enseignement. Naturellement, on ne doit pas non plus oublier que certaines circonstances (un lieu de travail, une relation sentimentale ou un régime de gouvernement oppressants...) viennent compliquer singulièrement la quête du bonheur. Celui-ci est le produit de facteurs externes *et* internes, de ce qu'on choisit de rechercher *et* de ce qu'on choisit de percevoir.

Pour la plupart, nous sommes capables de nous procurer un travail ou de mener une carrière qui nous satisfont dans l'ensemble – et nous usons de cette capacité. Mais, le plus souvent, on peut mieux faire. Pour trouver sa vocation, suivons ce conseil avisé d'un de mes étudiants : « Au lieu de se dire aveuglément : "Je le fais parce que je peux vivre avec", nous devrions nous dire : "Je le fais parce que je ne peux pas vivre sans." » Trouver sa vocation, c'est entendre l'appel de sa voix intérieure – c'est être « appelé » et donc guidé.

EXERCICES

Le procédé des trois questions

Prenez le temps d'appliquer le procédé SPA décrit en détail plus haut. Mettez par écrit vos réponses aux questions suivantes puis isolez les recoupements.

- *Question n° 1* : À quoi ai-je l'impression de trouver du sens ? En d'autres termes, qu'est-ce qui me donne une raison de continuer ?

- *Question n° 2* : À quoi ai-je l'impression de prendre plaisir ? En d'autres termes, qu'est-ce que j'aime faire ?

- *Question n° 3* : Quels sont mes atouts ? En d'autres termes, y a-t-il des choses que je sache bien faire ?

Ce processus vous aidera à découvrir votre voie au niveau « macro » (votre vocation dans la vie) mais aussi « micro » (ce que vous souhaitez pour vos activités quotidiennes). Si les deux sont liées, instaurer le macro-changement (quitter son travail ou la sécurité d'une voie familiale) implique de surmonter plus de difficultés (et donc de faire preuve de plus de courage). Les micro-changements (par exemple, réserver deux heures par semaine à son passe-temps favori) sont plus faciles à aménager, tout en produisant d'importants dividendes en capital suprême.

Façonner son travail

Il est possible d'améliorer sa qualité de vie sans opter pour une réorientation professionnelle radicale, en y introduisant par exemple des activités nouvelles qui répondent à nos exigences de sens et de plaisir, et sont par ailleurs dans nos cordes. Ou alors, tel le chercheur, d'or, on peut sonder ce qu'on est déjà en train de faire, à la recherche d'un supplément de capital suprême. En général, on n'a pas besoin de creuser très profond...
À cause de notre préjugé envers le travail, ou de l'idée trop restreinte qu'on se fait des métiers virtuellement chargés de sens, on passe souvent à côté de la vérité, à savoir que le bonheur potentiel est tout autour de nous. Cet exercice vous aidera à dénicher et exploiter les trésors cachés.
Décrivez en détail tout ce que vous faites pendant un ou deux jours. Inspirez-vous du graphique tracé pour l'exercice « Mettre sa vie en tableau », au chapitre 3, ou tracez-en un nouveau réservé à la vie professionnelle. Observez le résultat, et posez-vous les deux questions suivantes : Premièrement, y a-t-il des tâches routinières que vous puissiez modifier dans votre métier pour y incorporer davantage d'activités signifiantes et/ou plaisantes tout en

réduisant la part de travail qui ne vous inspire guère ? Deuxièmement – et ceci, que vous ayez ou non la possibilité d'opérer de véritables changements –, demandez-vous quel sens et quel plaisir potentiels existent déjà dans l'exercice de votre profession. Pensez aux agents de surface hospitaliers, aux coiffeurs et aux ingénieurs qui ont su façonner leur emploi de manière à y puiser davantage de capital suprême. Ils n'ont rien modifié de fondamental ; mais, en mettant en lumière certains aspects de leur travail (par exemple, le potentiel inhérent aux interactions quotidiennes avec les gens qu'ils côtoient), ils ont augmenté leur dose de sens et de plaisir, donc de bonheur, sur leur lieu de travail.

Et maintenant, en vous fondant sur les réponses que vous aurez fournies à ces deux questions, récrivez le « profil du poste » que vous occupez en en faisant un « plan de carrière ». Rédigez les caractéristiques de votre emploi de telle manière que d'autres aient envie de postuler, et que vous-même considériez votre sort comme plus enviable – non pas en le représentant sous un jour fallacieux, mais en mettant en avant les éléments virtuellement signifiants et plaisants qu'on peut en retirer. Notre perception de notre travail, la description que nous en donnons – à nous-même et aux autres – peuvent modifier radicalement la manière dont nous le vivons[1].

---

1. Le même raisonnement s'applique si l'on décide de façonner d'autres domaines de sa vie. Par exemple, si l'on définit et éclaire les aspects positifs de ses relations sentimentales, on aura plus de chances d'y trouver du bonheur.

8

Le bonheur et le sentiment amoureux

> *Pour connaître la joie, il faut partager. Le bonheur est né jumeau.*
>
> Lord BYRON

Diener et Seligman, qui font autorité en matière de pensée positive, ont étudié un certain nombre de gens « très heureux » en les comparant à des individus qui se déclaraient moins heureux. L'unique facteur externe distinguant les deux groupes était la présence d'un « relationnel enrichissant et satisfaisant ». Pour être heureux, il était indispensable (quoique insuffisant *per se*) de passer du temps – mais de qualité – avec ses amis, sa famille, son compagnon ou sa compagne.

Quand on a autour de soi des êtres chers pour partager notre existence, avec les divers événements, états mentaux et sentiments qui la composent, on intensifie son vécu signifiant, on se console quand on souffre, on approfondit sa joie de vivre. Comme remarquait le philosophe Francis Bacon au XVIIe siècle, « l'amitié double les joies et réduit de moitié les peines ». Sans l'amitié, disait de son côté Aristote, nul bonheur n'est possible.

L'ensemble de nos relations aux autres compte pour beaucoup dans notre capital suprême, mais le sentiment amoureux règne en maître. Résumant les travaux sur le bien-être, D. Myers constate que rien ou presque ne prédispose autant au bonheur qu'une relation d'égal à égal, enrichissante, intime, avec son meilleur ami tout au long de la vie. Mais il n'y a pas de sujet sur lequel on ait davantage écrit (quel que soit le genre : poésie, fiction, essais) ou disserté (dans les cafés, les écoles, sur Internet ou sur le divan) que l'amour – cet attachement passionné entre deux êtres. Et il n'y a guère de sujet aussi gravement incompris…

PAUSE

Pensez aux êtres qui sont les plus proches de vous. Passez-vous autant de temps avec eux que vous en avez envie ? Dans le cas contraire, pouvez-vous y remédier ?

L'AMOUR INCONDITIONNEL

Un après-midi, quelques semaines après avoir remporté le championnat d'Israël de squash, j'ai déclaré à ma mère avec tout le sérieux que peut démontrer un adolescent de seize ans pénétré de sa propre importance : « Je veux que les femmes m'aiment pour ce que je suis, et pas parce que je suis le champion. » Je ne sais pas très bien si j'exprimais une inquiétude authentique (vu la rareté des courts, des joueurs et – hélas ! – des amateurs de squash en Israël) ou si je donnais dans la fausse modestie, en imitant les gens riches et célèbres qui se plaignent de ne pas être aimés pour ce qu'ils sont « vraiment ». En vérité, je ne m'inquiétais pas tant de la raison pour laquelle on pourrait m'aimer ; je m'inquiétais de savoir si je serais aimé, tout court.

Quelle qu'ait été mon arrière-pensée en la matière, ma mère a réagi de manière fort sérieuse, comme pour tous les graves sujets de préoccupation que j'exprimais en ce temps-là. « Le fait que tu sois champion de squash est un reflet de ce que tu es, de ta ferveur et de ta persévérance, entre autres aspects de ta personnalité. » Pour ma mère, ma victoire se bornait à rendre ces qualités plus évidentes aux yeux de tous. L'extérieur attirait davantage l'attention que l'intérieur.

Il m'a fallu des années pour saisir que son opinion (être aimé pour ce que l'on est) n'était pas du tout en adéquation avec ma propre vision – nébuleuse – du même concept. Qu'est-ce que cela signifie, en réalité, vouloir être aimé pour « ce que l'on est vraiment » ? Autrement dit, qu'est-ce que ce « *grand amour* », cet amour « *inconditionnel* », entre autres expressions qu'on emploie à tort et à travers dans les chambres à coucher, les chambres d'enfant et les salles de cours ? Veut-on être aimé sans raison particulière ? quoi qu'on fasse, quoi qu'il arrive ? quelle que soit notre personnalité ? Entend-on par là que l'amour doit se passer de raison d'être ?

Il est réducteur de dire que l'amour n'est qu'une sensation, un sentiment, un état indépendant de la raison. L'amour ne saurait durer sans fondement rationnel : de la même manière que les affects positifs ne suffisent pas à assurer un bonheur durable (les viveurs, on l'a vu, ne sont jamais heureux bien longtemps, faute de sens dans leur vie), les sentiments puissants sont en et par eux-mêmes insuffisants pour maintenir durablement l'amour à flot. Quand un homme tombe amoureux d'une femme, c'est pour certaines *raisons* conscientes et inconscientes. Il a peut-être le *sentiment* de l'aimer « pour ce qu'elle est », mais il ne sait pas très bien ce qu'il entend par là. Si on sollicite une explication plus élaborée, il répondra : « Je ne sais pas, c'est comme ça, voilà tout. » On nous a appris qu'en tombant amoureux, c'est notre cœur qu'on écoute, et non notre tête ; que l'amour est par définition inexplicable, d'essence mystique, au-delà de la raison. Cependant, si c'est vraiment de l'amour qu'on ressent, alors il y a une ou des raisons. Elles ne sont peut-être pas conscientes, accessibles, mais elles n'en existent pas moins quelque part.

Si donc on admet que nous avons des raisons d'aimer telle ou telle personne, il y a des *conditions* dans lesquelles on tombe amoureux, peut-il exister un amour *inconditionnel* ? Ou bien cette notion est-elle fondamentalement déraisonnable ? Tout dépend si les choses que nous aimons chez la personne en question sont des émanations de son moi profond ou non.

LE SOI CENTRAL

Le « soi central » se compose de nos caractéristiques les plus fondamentales et les plus stables – c'est notre caractère. Il est également constitué des principes régissant notre existence, qui ne sont pas nécessairement conformes à ceux que nous prétendons suivre. Comme on ne peut pas observer directement ce soi central, la seule solution pour connaître le caractère d'autrui est d'étudier ses manifestations, à travers son comportement qui, lui, est observable.

Un individu (homme ou femme) compatissant, assidu, patient et ardent (dont le soi central comprend donc ces traits de caractère) pourra être amené à mettre en place un programme d'aide aux enfants défavorisés. La réussite ou l'échec de cette entreprise, qui dépend d'un certain nombre de facteurs externes, n'aura peut-être rien à voir avec l'individu en question. Mais ce qui l'amène à se lancer, ce sont les caractéristiques internes, qui font partie de son soi central. Son comportement (la mise en œuvre du programme) reflète ce soi central, pas le *résultat* de son comportement (que ce soit un succès ou non). Si quelqu'un aime cette personne de manière inconditionnelle, il sera bien sûr enchanté par sa réussite et attristé par son échec. Mais, dans un cas comme dans l'autre, ses sentiments à son égard ne seront pas altérés parce que le soi central de cette personne est resté le même.

Être aimé pour son argent, son pouvoir ou sa renommée, c'est recevoir un amour *sous conditions.* Être aimé pour sa fermeté, son intensité, sa chaleur humaine, c'est de manière *inconditionnelle.*

PAUSE

Quelles sont les caractéristiques de votre soi central ?

LE CERCLE DU BONHEUR

Le psychologue Winnicott a observé que les enfants jouant à proximité immédiate de leur mère déploient davantage de créativité dans leurs jeux que les autres. Ils sont très créatifs tant qu'ils sont dans un certain périmètre autour d'elle, une sorte de *cercle de créativité*. Dans cet espace, ils peuvent prendre des risques, des initiatives, tomber puis se relever, échouer puis réussir... parce qu'ils se sentent en sécurité et en confiance en présence d'une personne qui les aime de manière inconditionnelle.

Les adultes étant capables de degrés d'abstraction plus élevés que les enfants, ils ne doivent pas être sans cesse physiquement à proximité de leurs êtres chers pour se trouver dans leur cercle de créativité. Le seul fait de savoir qu'on nous aime sans condition crée un espace virtuel de sécurité et de confiance.

L'amour inconditionnel crée un *cercle de bonheur* équivalent, où l'on se sent poussé à rechercher les choses signifiantes et plaisantes pour nous. On y éprouve la liberté de s'adonner à ses passions (que ce soit l'art, la banque, l'enseignement ou le jardinage) indépendamment de toute notion de prestige ou de réussite. L'amour inconditionnel constitue les fondations de la relation amoureuse heureuse.

Si un être m'aime sincèrement, il ou elle voudra plus que tout que j'exprime mon soi central, et y puiser les qualités qui font de moi ce que je suis vraiment.

SENS ET PLAISIR EN AMOUR

Si l'amour inconditionnel est essentiel aux relations amoureuses heureuses, il est en lui-même et par lui-même insuffisant, là encore. Sens et plaisir, bénéfice immédiat et à venir sont aussi indispensables à l'instauration d'un bonheur à longue échéance dans la vie amoureuse qu'ils le sont dans la vie estudiantine ou professionnelle.

Les couples qui se forment avant tout en prévision d'un gain futur (parce que être ensemble les aidera à avancer dans la vie, d'une manière ou d'une autre, socialement ou financièrement par exemple) sont dans un rapport de type fonceurs/arrivistes. Même chose pour ceux qui prétendent travailler dur et passer peu de temps ensemble dans l'intérêt de leur relation amoureuse, pour s'assurer un avenir commun à l'abri du besoin. S'il est parfois nécessaire de renoncer au bénéfice immédiat au nom d'un objectif à venir, vivre constamment dans le futur voue cette relation à l'échec.

À l'autre bout du spectre, on trouve le viveur qui, lui, s'implique dans une relation amoureuse et l'évalue à l'aune du plaisir qu'elle lui procure. Confondant plaisir et bonheur, il prend à tort le désir pour de l'amour. Car son plaisir finira inévitablement par décliner : sans fondement signifiant qui transcende la gratification immédiate, on ne saurait instaurer de bonheur durable.

Quant à notre défaitiste... il décidera peut-être de se marier parce que « c'est dans l'ordre des choses » ou que tous ses amis le font. Mais il n'attendra ni ne retirera pas grand-chose de sa relation avec son conjoint, au côté duquel il risque de dériver sans but et sans bonheur...

PAUSE

Remettez-vous en mémoire une ou deux relations passées – amoureuses ou amicales. Dans quel qua-

drant entraient-elles, selon notre schéma ? Leur nature a-t-elle varié au fil du temps ?

AMOUR ET SACRIFICE

Même les gens persuadés qu'on peut être heureux pourvu qu'on trouve la bonne personne sont parfois obligés de se résigner à vivre une relation sentimentale malheureuse par sens du devoir envers leur compagne ou compagnon, leurs enfants ou l'institution du mariage elle-même. Ceux-là croient à tort que sacrifice est synonyme de vertu ; ils ne voient pas que rester avec l'autre « pour son bien » les conduira tous deux à l'amertume et au malheur. Avec le temps, ces personnes qui se sacrifient finiront par en vouloir à l'autre de les priver de sens et de plaisir – sens et plaisir qu'elles pourraient obtenir ailleurs. Leur conjoint, de son côté, sera malheureux de savoir que l'autre reste uniquement parce qu'il s'y sent *obligé,* non parce qu'il en a *envie* ; il perdra à son tour tout le sens et tout le plaisir qu'il aurait pu trouver dans le couple.

Même chez ceux qui s'aiment et ont envie d'être ensemble, le bonheur peut être sapé par la croyance erronée « Sacrifice égale amour » et que plus grand est ce sacrifice, plus fort est l'amour.

Notons bien qu'assister son partenaire en période de crise ne relève pas du sacrifice ; quand on aime quelqu'un, on a souvent l'impression de s'aider soi-même en l'aidant. Comme le fait remarquer N. Branden, voilà le grand complément de l'amour : mon intérêt personnel s'étend jusqu'à inclure mon partenaire.

Quand je parle ici de sacrifice, j'imagine un individu qui renoncerait à une chose essentielle à son bonheur, par exemple une femme qui démissionnerait de son travail (qu'elle aime pourtant, et dont elle ne trouvera pas l'équivalent ailleurs) pour que son mari décroche un poste à l'étranger ; celle-là consent *bel et bien* à un sacrifice : si son travail est indispensable à son soi central, s'il fait partie de sa vocation, en l'abandonnant elle nuit à son bonheur. La même femme qui prend une semaine de congé sans solde pour aider son mari dans le cadre d'un projet important, en revanche, ne se sacrifie pas forcément : ce faisant, elle ne compromet pas du tout son soi central, ni, par là même, son bonheur. De plus, ce dernier étant étroitement lié à celui de son époux, l'aider *lui*, c'est s'aider *elle*, puisque chacun est plus heureux quand l'autre l'est aussi.

Il n'y a pas de moyen facile de distinguer un comportement de type sacrificiel, donc destructeur à long terme pour le couple, d'un comportement induisant potentiellement son évolution positive. La seule façon d'opérer un premier tri entre le nocif et le bénéfique est d'évaluer la relation dans son ensemble en prenant comme critère le capital suprême.

Une relation amoureuse est une transaction qui fait appel à une monnaie bien particulière : l'unité de mesure du capital suprême, c'est-à-dire le bonheur. Comme dans toute transaction, plus la relation est avantageuse pour les *deux parties,* plus elle a de chances de s'épanouir. Quand un des deux reçoit moins que ce qu'il espère en capital suprême (en échange de ce qu'il donne), quand il renonce à sa part de sens et de plaisir pour que l'autre en ait plus, ce sont les deux partenaires qui se retrouvent lésés, moins heureux, à long terme. Pour être satisfait de son couple, il faut avoir la sensation que la transaction est équitable.

La psychologue Elaine Hatfield, qui mène justement des recherches sur le couple, montre que les gens n'aiment être ni « surpayés » ni « sous-payés » dans leur relation amoureuse. Les individus sont plus satisfaits, et les couples plus susceptibles de prospérer, quand les conjoints jugent la relation équitable. Cela ne signifie pas pour autant, bien sûr, que tous deux doivent gagner le même salaire ; cette équité se mesure en capital suprême. Le compromis est un élément naturel et sain de toute relation, et à des moments différents chaque membre du couple renonce à un degré de sens et de plaisir pour le bien de l'autre ; mais, *dans l'ensemble*, la relation doit être avantageuse pour les deux – tous deux doivent être plus heureux parce qu'ils sont ensemble.

PAUSE

Dites de quelle manière votre conjoint(e) ou ami(e) et vous-même vous apportez mutuellement assistance dans le but d'être plus heureux. Que pourriez-vous faire d'autre pour que la relation devienne une source encore plus abondante de capital suprême ?

ÊTRE CONNU PLUTÔT QUE RECONNU

Aux seuls États-Unis, quelque 40 % des mariages se soldent par un divorce ; ces statistiques ne présagent rien de bon pour ce qui concerne notre faculté de maintenir une liaison à long terme, surtout si l'on songe que les 60 % restants ne vivent pas forcément une vie de couple très épanouissante. Mais laissent-elles entendre que nous ne serions pas faits pour les relations monogames à long terme ? Eh bien, non. Pas plus que les statistiques sur la dépression n'impliquent que nous sommes condamnés à vivre éternellement dans le malheur.

Le divorce est parfois la meilleure solution – tous les individus ne sont pas faits pour s'entendre, ni n'en ont même le potentiel –, mais bien souvent la cause de la séparation provient d'une profonde incompréhension de la nature même de l'amour et de ce qu'il entraîne. Beaucoup de gens confondent attraction sexuelle (désir) et amour sincère ; or, si la première est indispensable au second, elle n'est pas suffisante en elle-même. Si tout se fonde sur le désir, la relation ne durera pas longtemps. Quel que soit le caractère « objectivement » séduisant du partenaire ou le degré d'attirance « subjective » entre les deux, l'emballement initial, l'attirance physique seule finit par s'estomper. C'est la nouveauté qui excite nos sens – « l'exotique devient l'érotique[1] ». Au contraire, un compagnon avec qui l'on partage le quotidien devient vite familier.

Cela dit, quoique cette promiscuité induise un affaiblissement du désir, le fait même de vivre dans l'intimité de quelqu'un, d'apprendre à le connaître vraiment, peut aussi renforcer la relation, et conduire

---

1. *Cf.* D. J. Bern, *Exotic becomes Erotic : A Developmental Theory of Sexual Orientation* (*Où l'exotique devient érotique – Pour une théorie développementale de l'orientation sexuelle*), dans *Psychological Review*, n° 103, pp. 320-335, 1996. (N.-B. : Autre traduction possible : « L'exotique sied à l'érotique. ») *(N.d.T.)*

par conséquent à un amour plus profond et des relations sexuelles plus épanouissantes.

Dans *Passionate Marriage,* le sexothérapeute David Schnarch remet en question la doctrine qui prévaut dans son domaine : le sexe et l'amour seraient réductibles à de simples pulsions biologiques. Si le sexe n'est que cela, alors il y a peu d'espoir qu'existent des relations passionnées à long terme. Or, après avoir travaillé pendant plusieurs décennies avec des couples, Schnarch démontre que les relations sexuelles peuvent s'améliorer si l'on s'attache à mieux connaître son partenaire (et donc à mieux être connu de lui).

Pour Schnarch, si l'on veut cultiver une authentique intimité, le point focal de l'union doit se déplacer : au lieu de chercher à être *reconnu,* entériné – au lieu de quêter l'approbation, les félicitations de l'autre –, il faut éprouver le désir d'être *connu*. Pour que l'amour-passion grandisse avec le temps, les deux partenaires doivent avoir envie de se faire connaître de l'autre, ce qui implique qu'ils dévoilent progressivement les aspects les plus intimes de leur personnalité (désirs, craintes, fantasmes, rêves) même si ceux-ci ne les montrent pas sous leur meilleur jour. Au fil des ans, chaque conjoint peut ainsi dessiner une « carte amoureuse » de plus en plus détaillée du monde de l'autre, approfondir toujours davantage la compréhension de ses valeurs, passions, inquiétudes, préoccupations et espoirs[1].

Le processus du « se laisser connaître/chercher à connaître » est potentiellement infini : il y aura tou-

---

1. Le concept de « carte amoureuse » a été exposé par John Gottman, *Les couples heureux ont leurs secrets : les sept lois de la réussite*, Pocket Évolution, 2006. *(N.d.T.)*

jours autre chose à révéler et à découvrir. De ce fait, l'union a beaucoup plus de chances de demeurer intéressante, voire captivante, stimulante. Être ensemble (que ce soit pour bavarder en prenant le café, s'occuper des enfants ou faire l'amour) devient nettement plus signifiant et plaisant quand on ne cherche plus à être « validé » par l'autre, mais connu de lui.

PAUSE

Comment pourriez-vous aider votre compagne ou compagnon à mieux vous connaître ? Comment la ou le connaître mieux vous-même ?

CULTIVER PLUTÔT QUE CHERCHER

Beaucoup de gens pensent que pour vivre une union heureuse il faut chercher le « bon » partenaire. En fait, l'élément le plus important, le plus délicat à trouver n'est pas là (pour ma part, je ne crois pas qu'il existe une seule « bonne » personne pour chacun[e] d'entre nous) ; ce qu'il faut, c'est *cultiver la relation qu'on a choisie.*

L'erreur qui consiste à privilégier la quête par rapport à l'entretien attentif de la relation existante est en partie attribuable au grand écran. On ne compte plus les films dont le sujet est la recherche de l'amour, les mésaventures et autres tribulations de deux personnages qui finiront par se trouver. À la fin du film, les amoureux s'embrassent passionnément et vivent heureux jusqu'à la fin de leurs jours – ou du moins on le présume. Le problème, c'est que *les films s'achèvent quand l'amour commence.* Le plus grand défi à relever est justement le « vivre heureux jusqu'à la fin de ses jours » : c'est une fois le soleil couché que se manifestent la plupart des problèmes.

En croyant à tort que du moment qu'on a trouvé l'amour on est assuré de vivre dans la béatitude éternelle, on néglige le voyage – le quotidien, les événements qui transforment la relation. Personne ne songerait sérieusement qu'une fois arrivé au poste idéal, dans l'entreprise idéale, on n'aura plus jamais à travailler dur. Ce serait l'échec assuré. Eh bien, même chose pour le couple : le vrai labeur débute après qu'on est tombé amoureux. Et dans la relation amoureuse, le travail consiste à cultiver l'intimité.

Pour ce faire, il faut connaître et se laisser connaître. On peut alors approfondir l'intimité en agissant sur la base de ce qu'on a appris sur l'autre, s'impliquer dans des activités signifiantes et plaisantes à la fois pour lui et pour soi. Avec le temps, à mesure qu'on s'apprend mutuellement et qu'on s'occupe ensemble de ce qui nous tient le plus à cœur, on bâtit des fondations capables de résister aux inévitables orages mais aussi de fournir un terreau fertile à l'amour, au bonheur, à l'épanouissement.

EXERCICES

Une lettre de gratitude

Dans son cours de psychologie positive, Martin Seligman incite ses étudiants à rédiger des lettres exprimant leur gratitude aux gens qui leur sont chers, et même à leur rendre visite pour la leur exprimer de vive voix. Cet exercice simple, auquel j'ai eu moi-même recours, d'ailleurs, produit des effets en profondeur tant sur celui qui écrit que sur celui qui reçoit ces expressions de gratitude – donc sur la relation les unissant.

Une lettre de gratitude n'est pas un banal petit mot de remerciement, mais un examen réfléchi du capital de sens et de plaisir que l'on reçoit de la relation en question ; elle décrit tel ou tel vécu particulier, tel ou tel rêve partagé, tout ce que la relation comporte d'autres sources de joie.

Gottman, qui se spécialise dans les relations interpersonnelles, peut prédire la réussite d'une liaison amoureuse à partir de la description que les partenaires font de leur passé respectif. S'ils se focalisent sur les côtés favorables, s'ils chérissent ce passé, ils sont voués à un avenir épanouissant. Le fait de s'attacher plus particulièrement aux expériences signifiantes et plaisantes – présentes et passées – renforce les liens et améliore globalement la relation. En écrivant une lettre de gratitude, on met en lumière les éléments positifs – passés, présents et à venir – et, par là, on les accentue.

Établissez un rituel consistant à écrire au moins une ou deux lettres de gratitude par mois aux personnes qui vous sont chères – votre compagne ou compagnon, un membre de votre famille, un ami très proche…

Phrases à compléter

Ci-dessous, quelques débuts de phrases susceptibles de vous aider à puiser plus d'amour dans vos relations sentimentales, amicales ou autres. Certaines d'entre elles concernent les amoureux, d'autres ceux qui cherchent l'amour, mais la plupart sont valables dans les deux cas.

Être amoureux signifie…
Pour être un meilleur ami…
Pour être un meilleur compagnon…

Pour augmenter de 5 % le degré de bonheur que je trouve dans mon couple…
Pour augmenter de 5 % le degré de bonheur que je trouve dans les relations amicales…
Pour qu'il y ait de l'amour dans ma vie…
Je commence à prendre conscience de ce que…
Si je prends davantage sur moi pour satisfaire mes aspirations…
Si je pouvais me laisser aller à vivre les sensations que procure l'amour…

TROISIÈME PARTIE

Méditations sur le bonheur

9

Première méditation : égocentrisme et bienveillance

> *Ne vous demandez pas ce dont le monde a besoin mais ce qui vous éveille à la vie. Puis faites-le. Car ce dont le monde a besoin, c'est d'êtres qui s'éveillent à la vie.*
>
> Harold W̲ʜɪᴛᴍᴀɴ

Ma vocation est d'enseigner. Je donne des cours à des cadres dans des entreprises, à des étudiants de premier cycle, et à des jeunes à problèmes dans les quartiers difficiles. J'enseigne parce que cela me rend heureux, que j'y trouve un bénéfice immédiat et à venir, du sens et du plaisir. Parce que je le *veux* (j'aime ça) et que j'ai l'impression que je le *dois* (par je ne sais quel vague sens du devoir envers autrui).

En d'autres termes, je ne suis pas un altruiste. Si je fais ce que je fais, en fin de compte (passer du temps avec mes amis, travailler pour une organisation humanitaire), c'est que cela me rend heureux. Le capital suprême, en théorie et en pratique, est la fin vers laquelle tendent tous mes actes.

L'idée selon laquelle nos actes sont motivés par notre intérêt personnel, notre bonheur propre, peut mettre certains mal à l'aise. Ce trouble est dû à une croyance – explicite ou implicite : le caractère moral du devoir.

Kant nous disait déjà, au XVIIIe siècle, que, pour avoir une valeur morale, l'action doit être entreprise par sens du devoir. Aussi, quand on agit par intérêt, exclut-on toute moralité de la démarche. Selon le philosophe, si on se porte au secours d'autrui parce qu'on se sent conduit à le faire – *heureux* de le faire –, l'action est dénuée de valeur morale.

La plupart des philosophies et des religions qui préconisent l'abnégation comme fondement de la morale, à l'image de Kant, partent du principe qu'en agissant dans son intérêt personnel on porte forcément préjudice à ses semblables ; si l'on ne lutte pas contre ses propres tendances égoïstes, selon eux, on en arrive obligatoirement à nuire aux autres et négliger leurs besoins.

Mais ce qu'omet cette vision du monde, c'est qu'on n'est pas obligé de faire un choix entre aider les autres et s'aider soi-même. Il n'y a pas là des éventualités mutuellement exclusives. En fait, comme le dit en substance Emerson, une des plus belles compensations de la vie est qu'un homme ne peut sincèrement en aider un autre sans s'aider lui-même. S'aider et aider les autres sont deux démarches intrinsèquement liées : plus on secourt autrui, plus on est heureux ; et plus on est heureux, plus on est enclin à aider les autres.

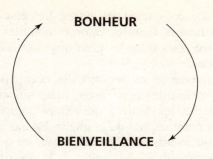

PAUSE

Rappelez-vous une occasion où vous avez rendu service à quelqu'un. Essayez de revivre les émotions que vous avez ressenties.

En contribuant au bonheur des autres, on s'offre sens et plaisir, et c'est pour cette raison que la bienveillance est un des éléments essentiels de toute vie heureuse. Bien sûr, il importe de garder à l'esprit la distinction entre aider autrui et vivre pour le bonheur d'autrui. Quand on ne se fixe pas pour priorité la quête de son bonheur à soi, on se cause du tort et, par extension, on diminue sa prédisposition à aider les autres. Malheureux, on est moins porté à la bienveillance – ce qui ne fait qu'accroître notre malheur.

Les travaux de Barbara Fredrickson suggèrent que les émotions positives élargissent la portée de notre capacité d'attention. Aussi, quand nous sommes heureux, avons-nous davantage de chances de voir plus loin que le bout de notre nez (notre perspective étriquée, introvertie, égocentrique) et de nous focaliser sur les besoins et les envies des autres. Les études menées par Alice Isen et Jennifer George montrent qu'on est mieux placé pour aider les gens quand on se sent bien dans sa peau.

C'est souvent en se livrant à des occupations signifiantes et plaisantes pour nous, mais qui contribuent *aussi* à aider les autres, que nous augmentons au maximum notre capital de bonheur. En cas de choix à faire, il faut avant tout s'interroger sur ce qui va nous rendre heureux *indépendamment* de la contribution que cette initiative pourra apporter au bonheur d'autrui. Nous devons donc nous demander si notre but risque de priver autrui de sa faculté de rechercher le bonheur – car, dans ce cas, ce serait notre propre faculté que nous saperions. Nos penchants compassionnels, notre sens inné de ce qui est juste nous conduisent inévitablement à payer un lourd tribut en capital suprême quand nous nuisons aux autres[1].

Pour ceux qui souscrivent à la morale du devoir, la quête du sens (via l'exigence d'une existence morale) s'accompagne nécessairement du sacrifice. Or, par définition, ce dernier n'est pas source de plaisir (sinon, ce n'en serait plus un). Donc, le caractère moral du devoir oppose sens et plaisir.

Mais le bonheur n'est pas une question de sacrifice, un troc donnant-donnant entre bénéfices immédiat et à

---

1. *Cf.* M. L. Hoffmann, 1991, *Empathy, Social Cognition, and Moral Action* (*Compassion, cognition sociale et action morale*), dans *Handbook of Moral Behaviour and Development* (*Abrégé de comportement et de développement sociaux*). W. M. Kurtines & J. L. Gewirtz, dir. Lawrence Erlbaum Associates, Inc. ; A. Smith, 1976, dans *The Theory of Moral Sentiments*, Oxford University Press ; et J. Q. Wilson, 1993, dans *Le Sens moral*, Omnibus, 1995.

venir, entre sens et plaisir, entre s'aider soi-même et aider les autres. C'est une synthèse à réaliser, une vie qu'on doit se créer où tous les composants essentiels du bonheur cohabitent harmonieusement.

EXERCICE

Méditer sur la bienveillance

Suivez les instructions de l'exercice « Méditer sur le bonheur » à la fin du chapitre 2 et efforcez-vous de vous détendre, vous calmer.
Rappelez-vous en quelle occasion vous avez pu vous comporter avec bienveillance envers autrui et sentir que votre démarche était appréciée. Revoyez mentalement la réaction de la personne à votre acte de bonté. Savourez-la ; revivez vos propres sentiments ; laissez-les se matérialiser en vous. Ce faisant, cassez la barrière artificielle qui se dresse actuellement entre s'aider et aider les autres.
Maintenant, imaginez une occasion susceptible de se présenter : parler d'une idée avec un ami, offrir des fleurs à une personne aimée, lire une histoire à votre enfant, faire un don à une cause qui vous séduit... Éprouvez le profond bonheur qui peut accompagner chaque preuve de générosité.
Si vous avez adopté la pratique régulière de la méditation, comme il est recommandé au chapitre 2, méditez aussi de temps en temps sur la bienveillance et non seulement sur le bonheur.

10

Deuxième méditation :
les accélérateurs de bonheur

> *Accumulez dans votre vie autant de moments et d'occasions de joie et de passion qu'il est humainement possible de le faire. Commencez avec une occasion précise, et bâtissez par-dessus.*
>
> Marcia WIEDER

Si nous vivions dans un monde idéal, nous pourrions nous livrer à longueur de temps à des activités signifiantes et plaisantes, jour après jour. Mais dans notre monde à nous, pour la plupart des gens, ce n'est pas possible. Une mère célibataire, par exemple, n'a pas toujours le luxe de quitter un emploi bien payé, mais qui lui déplaît, pour un autre plus agréable, mais moins rémunérateur. Assurer le gîte et le couvert à ses enfants ainsi qu'une éducation correcte sont ses premières priorités.

D'autres personnes jouissant d'une plus grande marge de manœuvre qu'un parent isolé renonceront au plaisir à court terme pour de bonnes raisons : dans l'espoir de percevoir un bénéfice futur plus important. Ainsi, une étudiante qui vient d'obtenir sa maîtrise souhaitera se faire une expérience professionnelle dans une banque d'affaires pendant deux ans même si elle n'apprécie guère de passer quatorze heures par jour devant un ordinateur. Mais tant qu'elle garde à l'esprit que le bonheur occupe la première place sur sa liste des priorités, et qu'elle évite de tomber dans le piège des fonceurs en retardant indéfiniment sa gratification, ces deux années sont peut-être exactement ce dont elle a besoin.

Par ailleurs, la plupart des gens, riches ou pauvres, jeunes ou vieux, connaissent des moments de « sécheresse » – où le bonheur se fait rare. Je n'ai pas rencontré beaucoup d'étudiants qui s'amusaient franchement en période d'examens ; et même dans les entreprises les plus attrayantes, certains projets sont moins passionnants que d'autres. Que ce soit par choix ou par nécessité, nous traversons tous des phases où l'essentiel de ce que nous faisons est source d'insatisfaction. Heureusement, cela ne signifie pas qu'il faille se résigner au malheur le temps que cela dure – un mois pour les examens, une période ennuyeuse et de durée indéterminée au travail, deux ans pendant qu'on fait une expérience, ou les vingt-deux années pendant lesquelles nos enfants ont besoin de notre soutien financier.

Les travaux de Kennon Sheldon et Linda Houser-Marko démontrent que le fait de poursuivre des objectifs autoconcordants – qui, donc, nous engagent dans des voies signifiantes pour nous – a des répercussions dans d'autres domaines non directement liés : les individus à même de déterminer des ensembles d'objectifs qui représentent bien leurs centres d'intérêt et leurs valeurs implicites s'avèrent incontestablement capables de fonctionner de manière plus efficace, plus souple et intégrative dans les diverses sphères de leur vie[1].

Les occupations signifiantes et plaisantes peuvent agir comme une bougie dans le noir – et, de la même façon qu'il suffit d'une ou deux petites flammes pour illuminer un espace, un ou deux événements positifs survenant dans une période plutôt terne peuvent métamorphoser notre état général. J'ai appelé *accélérateurs de bonheur* ces épiphénomènes, brefs mais générateurs de transformation. Qu'ils durent quelques minutes ou quelques heures, ils nous apportent sens et plaisir, bénéfice immédiat et bénéfice futur.

Les accélérateurs de bonheur nous inspirent, nous revigorent ; ils agissent à la fois comme des *impulsions* et comme des *attractions* sur le plan de la motivation. Un parent isolé qui vit un accélérateur de bonheur sous forme de promenade *signifiante* avec ses enfants aura l'impression que sa vision du monde en ressort transfigurée – y compris les heures passées à son travail. Cette excursion le (ou la) motivera toute la semaine : elle lui donnera un but à court terme, une raison de se lever le matin ; elle l'emplira d'énergie et lui fournira l'impulsion dont il a besoin, en reconstituant ses stocks de motivation pour la semaine suivante. De son côté, la jeune femme qui poursuit ses deux ans dans sa banque d'investissement se sentira aidée dans sa tâche ingrate – et pourra même y prendre plaisir – si chaque semaine elle aide pendant deux heures sa maison de quartier à tenir ses comptes et consacre une soirée à voir des amis.

---

[1]. Ces recherches sur les objectifs autoconcordants sont évoquées plus en profondeur dans mon chapitre 5.

J'ai récemment fait la connaissance d'un conseiller juridique occupant le statut d'associé dans un cabinet très en vue. Âgé d'une cinquantaine d'années, il ne retire plus guère de satisfaction de son métier, mais pour autant ne souhaite pas y renoncer, ainsi qu'au niveau de vie auquel sa famille et lui-même sont désormais accoutumés. Néanmoins, il a pu réduire suffisamment sa charge de travail pour instaurer dans sa vie des accélérateurs de bonheur. Dorénavant, chaque semaine, il passe deux soirées avec les siens, joue au tennis ou fréquente les salles de gym s'il est en déplacement, et lit au moins trois livres pour le plaisir. Il s'est inscrit à une association de parents d'élèves, ce qui lui donne le sentiment de contribuer de manière signifiante à l'instruction de la génération montante. Il ne manquerait pas plus un rendez-vous avec sa famille, son syndicat... ou avec lui-même qu'avec un client du cabinet. Certes, dans l'idéal, il préférerait consacrer ses journées à une passion, mais il y a longtemps qu'il n'avait pas été aussi heureux.

PAUSE

Quels sont vos propres accélérateurs de bonheur ? Les activités temporaires qui vous redonnent de la vigueur en vous procurant à la fois sens et plaisir ?

INSTAURER LE CHANGEMENT

Les accélérateurs de bonheur peuvent être utiles dans le difficile processus du changement ; souvent les habitudes persistent même quand on reconnaît le besoin de modifier sa trajectoire. Le poète anglais

Dryden (XVIIe siècle) disait que « d'abord nous façonnons nos habitudes, puis ce sont nos habitudes qui nous façonnent ». Et si nous avons pris l'habitude de vivre en fonceurs, parce qu'on nous y a conditionnés dès notre plus jeune âge, il est très compliqué de descendre du train en marche. De la même manière, les mœurs des viveurs, parfois destructrices, créent une accoutumance qui n'aide pas à y renoncer. Le moyen le plus aisé, le plus pratique d'instaurer le changement dans notre qualité de vie est donc d'y introduire graduellement des accélérateurs de bonheur.

Vivre d'éphémères moments chargés de sens et de plaisir, c'est tout de même moins angoissant que de remettre en question une existence entière ; cette démarche suscitera donc moins de résistance – en nous, qui nous efforçons de changer, mais aussi chez les membres de notre famille, nos collègues de travail et nos amis. Avant de changer radicalement de carrière (pour passer de la banque à l'enseignement, par exemple), j'envisagerais de travailler une fois par semaine comme bénévole dans un programme de cours de rattrapage, histoire de m'assurer qu'être professeur m'apportera un bénéfice immédiat et à long terme. De la même façon, celui qui n'est pas heureux dans l'éducation et voudrait entamer une carrière dans la finance aura intérêt à consacrer un peu de son temps libre à boursicoter, pour vérifier, autant que possible, que le changement qu'il imagine le rendra réellement plus heureux. En s'autorisant les tâtonnements et en prenant un risque minimal, on peut, grâce aux accélérateurs de bonheur, estimer avec plus de rigueur ce qu'on veut vraiment faire dans la vie.

LA VALEUR DU TEMPS LIBRE

Chacun de nous rêve que ses journées entières soient emplies d'événements heureux. Mais ce genre de vie n'est pas toujours à notre portée et on doit plus souvent attendre le soir ou le week-end pour se livrer à des activités procurant un bénéfice immédiat ou différé. L'erreur la plus commune consiste à devenir hédoniste pendant son temps libre au lieu de rechercher activement le bonheur. Après une dure journée de travail en entreprise ou à l'école, on décide de ne rien faire, de végéter devant la télévision au lieu de s'impliquer dans des occupations plaisantes et signifiantes. Sur quoi on s'empresse de s'endormir, ce qui nous renforce dans la certitude qu'après s'être acquitté de ses corvées quotidiennes on est trop fatigué pour réaliser le moindre effort.

Si, au lieu de ne rien faire en rentrant chez soi, on s'adonnait à son passe-temps favori ou à toute autre occupation qui demande un effort, nous procure du plaisir et nous tient à cœur, on aurait plus de chances de trouver un second souffle et de réapprovisionner son stock d'affects. Comme disait Maria Montessori, il est reposant de se consacrer à une tâche agréable. Les accélérateurs de bonheur, loin de nous ramollir, nous font gagner plusieurs niveaux d'énergie.

EXERCICE

Accélérer son bonheur

Dressez une liste d'accélérateurs de bonheur que vous pourriez appliquer tout au long de la semaine. Certains seront « généraux », exécutables dans un cadre routinier (passer du temps avec sa famille et ses amis, lire pour le plaisir, etc.) ; d'autres « exploratoires », en ce qu'ils vous aideront à savoir si vous devez instaurer des changements plus significatifs dans votre vie (faire du bénévolat une fois par semaine dans une école, par exemple). Inscrivez vos accélérateurs dans votre agenda et, si possible, entourez-les de rituels.

11

Troisième méditation :
Au-delà de la griserie passagère

> *Le bonheur dépend de nous seuls.*
>
> ARISTOTE

Tami, mon épouse, établit en ce qui concerne le bonheur un distinguo entre la notion de *sommet* et celle de *profondeur*. Les « sommets » renvoient aux fluctuations du niveau de bien-être, les hauts et les bas par lesquels on passe ; la « profondeur » renvoie, elle, à l'élément *stable* de ce bien-être, le niveau de base du bonheur. Par exemple, le soulagement qu'éprouve le fonceur une fois son but atteint est un « sommet » passager qui n'a pas forcément d'effet sur son niveau global de bonheur. En revanche, la *profondeur* de notre bonheur est comparable aux racines des arbres. Elle fournit la base, les fondations, l'élément constant du bien-être, tandis que les sommets, eux, seraient plutôt comme les feuilles – superbes, convoitées, mais éphémères, changeantes et promptes à se faner selon la saison.

La question que se posent beaucoup de philosophes et psychologues est : peut-on intervenir sur la profondeur du bonheur, ou sommes-nous prédestinés à fluctuer via ces fameux « hauts et bas » autour d'un degré fixe de capital suprême ? Dans son grand classique, *Psychocybernétique*[1], Maxwell Matz décrit un mécanisme interne analogue à un thermostat qui contrôlerait et vérifierait notre niveau de bonheur. Chez la plupart des gens, le niveau ne varie pas énormément au fil de la vie ; les déviations, les hauts et les bas sont vite corrigés, et on en revient à son niveau de bonheur de base. Naturellement, on est enchanté quand il arrive quelque chose de bien (on gagne à la loterie, on est embauché dans un emploi stable) et attristé quand les événements tournent mal (on perd un être ou une chose qui nous étaient chers). Mais ces émotions-là ne durent en général pas longtemps. La profondeur de notre bonheur reste peu ou prou la même, et on récupère rapidement son bien-être familier.

Les fameux travaux menés sur des jumeaux du Minnesota (États-Unis) qui avaient été séparés à la naissance ont mis en évidence chez chacun des deux des traits de personnalité similaires. Ces résultats, couplés avec ceux d'autres études suggérant l'existence d'un niveau de base pour le bien-être, ont conduit certains psychologues à avancer que notre quota de bonheur est déterminé génétiquement ou par des empreintes précoces : une fois adultes, nous ne pourrions plus intervenir sur lui. Les psychologues David Lykken et Auke Tellegan, par exemple, en concluent qu'il est peut-être aussi futile – donc contreproductif –

---

1. Éd. Dangles, coll. « Psycho-soma », 1999. *(N.d.T.)*

de chercher à être plus heureux que de vouloir être plus grand en taille.

Ces affirmations selon lesquelles notre capital suprême existerait en quantité prédéterminée sont trompeuses. Elles négligent tous les faits démontrant au contraire que notre niveau de bonheur de base est susceptible de varier, qu'on *peut* bel et bien devenir plus heureux. Par exemple, un psychothérapeute compétent saura guider ses patients vers un supplément de capital suprême. Et il suffit parfois d'une rencontre – que ce soit avec un ami, un livre, une œuvre d'art ou un concept – pour que toute notre vie en soit changée... et dans le bon sens !

PAUSE

Quels sont les épisodes ou les individus qui, dans votre vie, ont contribué à votre bonheur ?

Il existe incontestablement des éléments génétiques (certains de nous sont nés « plus heureux de nature » que d'autres) ; mais nos gènes déterminent une gamme de potentialités, et non ce qu'on appelle un *set point* –une « valeur prédéfinie » ou « valeur de consigne ». Dans *Blanche-Neige*, Grincheux n'est peut-être pas à même de cultiver une vision de la vie identique à celle de Joyeux, et une personne qui s'est plainte sa vie durant ne va pas devenir soudain un modèle de courage et d'abnégation ; mais nous avons tous la possibilité d'accroître notre potentiel de bonheur. Et pour la plupart, malheureusement, nous restons bien en deçà.

À l'occasion d'une recension des travaux consacrés au bonheur, Sonja Lyubomirsky, Kennon Sheldon et

David Schkade montrent bien que le niveau de bonheur est, chez un individu donné, avant tout déterminé par trois facteurs : une « valeur de consigne » de bonheur génétiquement déterminée, des facteurs circonstanciels en rapport avec la capacité à être heureux, et des activités et pratiques également liées à la notion de bonheur. Nous ne pouvons intervenir sur nos prédispositions génétiques, et trop rarement sur les circonstances de notre vie quotidienne ; mais sur le style d'activités et de pratiques que nous recherchons, il en va différemment. Et c'est cette troisième catégorie qui, selon Sonja Lyubomirsky et ses collègues, offre les plus belles occasions d'augmenter durablement son bonheur. Se livrer à des occupations signifiantes et plaisantes permet d'élever de manière significative le niveau personnel de bien-être.

L'ERREUR DE LA MOYENNE

Les psychologues pour qui la profondeur du bonheur est fixée d'avance commettent ce qu'on appelle l'« erreur de la moyenne ». Ils parviennent à leurs conclusions en se fondant sur ce que font la *plupart* des gens, sans prendre en compte ceux qui ne rentrent pas dans la norme. Pour revenir aux jumeaux du Minnesota, il n'est pas juste de dire que tous les jumeaux homozygotes jouissent de niveaux de bonheur identiques : dans d'autres travaux, tous les sujets – donc 100 % des cas – ne reviennent pas à leur niveau de bonheur initial après chaque événement.

La moyenne dessine une tendance générale, et non une nécessité ou une vérité universelle. Ce sont souvent les individus hors normes, les gens exceptionnels, qui montrent du doigt la vérité de ce qui est possible. Le fait que certains, au fil de leur existence, connaissent des niveaux de bonheur de plus en plus élevés montre bien qu'on peut remettre le thermostat à zéro.

Par conséquent, la question qui doit nous préoccuper ici n'est pas de savoir s'il est oui ou non possible de le faire, mais *comment*. Le présent ouvrage propose des solutions, des réponses, mais pas toutes. Les personnes qui déplacent leur centre d'intérêt vers le capital suprême en laissant derrière elles prestige et biens matériels élèveront forcément leur niveau fondamental de bien-être ; celles qui rechercheront activement les bénéfices immédiat et différé seront forcément plus heureuses à longue échéance.

L'argument posant que l'élément « profondeur » du bonheur est immuable est non seulement trompeur, mais potentiellement nocif. L'individu persuadé que, quoi qu'il fasse, sa part de capital suprême est prédéterminée a moins de chances de prendre des mesures pour tenter d'améliorer sa situation. À force de penser que son niveau de bonheur est fixé d'avance, immuable, il risque d'accomplir lui-même la prophétie. Pis, la certitude de ne pouvoir améliorer son sort – bien que formulée sur la base d'une théorie erronée – le conduira au découragement, donc au défaitisme.

Si nous avons effectivement vu le jour avec quelques dispositions naturelles (se situant entre celles de Grincheux et celles de Joyeux dans *Blanche-Neige*), et s'il existe des événements sur lesquels nous avons peu de prise, nous devons garder un certain contrôle de la façon dont nous occupons notre temps.

À en croire Daniel Kahneman, l'usage qu'on en fait pourrait être l'élément déterminant permettant d'induire des améliorations[1]. Un grand nombre de gens s'arrêtent avant d'atteindre leur potentiel de bonheur parce qu'ils font un mauvais usage d'un temps pourtant précieux – ils foncent en arrivistes comme des rats dans un labyrinthe, recherchent un hédonisme béat qui les transforme en simples viveurs, ou se résignent au défaitisme nihiliste. C'est dans le temps, pourtant, que réside le potentiel d'une existence soit appauvrie, soit épanouie ; correctement employé, le temps devient le gardien du trésor ultime.

La recherche du capital suprême peut être un processus sans fin d'épanouissement et d'évolution personnelle ; il n'y a pas de limite au degré de bonheur qu'on peut atteindre. En recherchant le travail, la formation et les relations interpersonnelles qui nous procurent sens et plaisir, on devient peu à peu plus heureux. On ne se borne pas à atteindre le sommet qui nous grisera de façon aussi éphémère que les feuilles restent sur les arbres ; on vise le bonheur durable qui repose sur des racines profondes et stables.

EXERCICE

L'enquête appréciative

Dans les années 80, David Cooperrider et ses collègues ont inventé une approche simple mais révolutionnaire du changement qui, depuis, a aidé de nombreuses personnes

---

[1]. Conférence au Gallup International Positive Psychology Summit, 7 oct. 2006.

et entreprises à parfaire leurs connaissances et leur évolution[1]. Au lieu de s'attacher à ce qui ne va pas dans les zones à problèmes (comme le font la plupart des programmes et conseils de soutien), l'Enquête appréciative se concentre sur ce qui a pu marcher ou ce qui marche encore. *Apprécier* signifie « estimer la valeur » de telle ou telle chose, mais aussi « augmenter » cette valeur (par exemple, l'argent en banque *s'apprécie*). En se penchant sur les expériences positives passées, on peut en tirer des leçons et appliquer leurs enseignements aux situations présentes et à venir.

Cet exercice est praticable seul, mais il est plus profitable de s'y livrer avec un partenaire ou un petit groupe. Si vous en avez la possibilité, racontez-vous à tour de rôle ce qui vous a rendu heureux par le passé – il y a dix ans, le mois dernier sinon le matin même. Ce peut être un dîner, une soirée en famille, un projet professionnel précis ou un concert. Qu'est-ce qui vous a procuré du bien-être, au juste ? Le lien dont vous avez senti qu'il vous unissait aux autres en cet instant ? Le fait d'avoir un défi à relever ? L'impression d'être face à un phénomène qui vous en imposait ?

Quand vous aurez – seul ou en compagnie – enquêté sur les aspects positifs de votre vécu, demandez-vous comment tirer avantage de cet enseignement pour l'employer à vous créer un avenir meilleur. Engagez-vous, par écrit et vis-à-vis des gens avec qui vous avez accompli cet exercice, à faire des activités qui, selon votre conviction, vous rendront plus heureux.

---

[1]. Pour en savoir davantage sur cette impressionnante intervention, *cf.* http ://appreciativeinquiry.case.edu

12

Quatrième méditation : laisser briller sa lumière

> *Pour la plupart, les gens sont aussi heureux qu'ils décident de l'être.*
>
> Abraham Lincoln

L'aptitude à rechercher le bonheur est un don de la nature qu'aucune personne, religion, idéologie et aucun gouvernement n'a le droit de nous enlever. Les États éclairés ont édifié des outils politiques (Constitutions, tribunaux, armées) pour protéger ce droit à rechercher librement le bonheur. Et pourtant, rien d'extérieur à nous-même ne peut, je le pense désormais, nous protéger contre l'un des obstacles majeurs que nous rencontrons dans la poursuite du capital suprême : notre propre sentiment que, quelque part, nous ne sommes pas *dignes* de ce bonheur.

Il ne suffit pas de comprendre la théorie du bonheur que j'ai présentée dans ces pages (le besoin vital d'introduire à la fois sens et plaisir dans sa vie) pour être sûr de l'atteindre de manière durable. Si, au fond de moi, je ne me sens pas digne d'être heureux, je trouverai toujours un moyen de limiter ma capacité à l'être. Par exemple, je sous-estimerai mes sources potentielles de capital suprême (ou je passerai complètement à côté) ; je focaliserai mon énergie sur des occupations qui me rendent malheureux, ou je remâcherai sans cesse les choses qui ne vont pas dans ma vie.

Bien des gens choisissent d'exercer une profession pour laquelle ils ne sont pas faits, alors qu'ils pourraient facilement trouver un métier qui les rémunère correctement en capital suprême. Beaucoup se résignent à demeurer soit seuls, soit au sein d'un couple qui les rend malheureux, plutôt que de faire l'effort de chercher un être avec qui partager leur vie ou de cultiver la relation existante. D'autres ont un métier qui leur apporte un bénéfice immédiat et futur, et se débrouillent quand même pour se trouver des raisons d'être malheureux au travail. D'autres encore qui trouvent sens et plaisir dans une relation amoureuse s'arrangent pour la saboter. J'ai moi-même commis toutes ces erreurs, et bien d'autres, dans le but inconscient de saper mon propre bonheur.

Pourquoi se prive-t-on activement de félicité ? Marianne Williamson[1] dit, dans *Un retour à l'amour* :

> Notre peur la plus profonde n'est pas de ne pas être à la hauteur, mais d'être puissants au-delà de toute limite. C'est notre propre lumière et non notre obscurité qui nous effraye le plus. Nous posons la question : « Qui

---

1. M. Williamson, *Un retour à l'amour : Réflexions sur les principes énoncés*, dans *Un cours sur les miracles*, trad. I. Steenhout, Éd. J'ai lu, coll. « Aventure secrète », 2004. *(N.d.T.)*

suis-je, moi, pour être brillant, radieux, talentueux, merveilleux ? » Mais en fait, qui êtes-vous pour ne pas l'être ?

Oui, qui sommes-nous pour ne *pas* être heureux ? Et pourquoi la lumière nous effraie-t-elle plus que l'obscurité ? Pourquoi ne nous estimons-nous pas dignes d'être heureux ?

Un certain nombre de facteurs internes et externes, des préjugés culturels et psychologiques, s'allient pour nous barrer l'accès au bonheur. Au niveau le plus primordial, l'idée même qu'on a le *droit* d'être heureux, que le bonheur individuel est une quête noble et saine en elle-même, est censurée et stigmatisée par nombre d'idéologies. Les héritages culturels qui nous ont été transmis à travers les âges partent du principe que nous sommes intrinsèquement mauvais, agressifs et mus par une pulsion de mort ; que, sans la rédemption due aux forces de la civilisation, notre vie serait, pour reprendre les termes du philosophe Thomas Hobbes dans son *Léviathan*, « solitaire, indigente, dangereuse, abêtie et courte ». De telles créatures, qui les jugerait dignes d'être heureuses ? Cette vision de l'être humain étant aussi profondément gravée dans nos cultures, pas étonnant que nous nous sentions plus faits pour l'obscurité que pour la lumière.

Mais les idées reçues qui nous freinent ne sont pas seulement celles que nous avons intériorisées à la suite de nos prédécesseurs. Souvent, nos limitations sont générées par nous-mêmes. Si nous ne nous jugeons pas dignes d'être heureux, en effet, comment nous juger dignes des bonnes choses de la vie, génératrices de bonheur ? Si nous ne pensons pas les mériter, si nous les estimons sincèrement hors de notre portée, alors nous craignons légitimement qu'elles ne nous échappent. Cette crainte provoque des comportements qui, par eux-mêmes, réalisent la prophétie : le sentiment de ne pas mériter le bonheur conduit au malheur.

Celui qui craint que les choses ne lui échappent se protégera en s'assurant qu'il n'a rien à perdre. Or, quand on est heureux, on a beaucoup à perdre. Pour éviter la catastrophe, on exclut la possibilité de tout gain. En craignant le pire, on se prive dès le départ du meilleur.

Et même si on réussit à être heureux, on se sentira coupable parce que d'autres ont moins de chances. L'hypothèse implicite – et erronée – derrière tout cela est que le bonheur est un « jeu à somme nulle » : le bonheur des uns (c'est-à-dire nous) fait nécessairement le malheur des autres. Comme l'explique Marianne Williamson, toujours dans *Un retour à l'amour* : « quand nous laissons briller notre lumière, nous autorisons inconsciemment les autres à faire de même. Quand nous nous libérons de la peur, notre présence seule libère automatiquement les autres. » C'est quand on se libère de la peur du bonheur qu'on est le plus à même de rendre service aux autres.

LA VALEUR INHÉRENTE

Pour vivre heureux, il faut avoir l'impression de le mériter. « Pour rechercher les valeurs, l'homme doit se considérer lui-même comme digne d'en jouir, estime Nathaniel Branden. Et pour obtenir le bonheur de haute lutte, il doit s'estimer digne d'être heureux. » Nous devons apprécier notre soi central, ce que nous sommes en vérité, indépendamment de nos réalisations concrètes ; nous devons croire que nous méritons d'être heureux, sentir que nous en sommes dignes par le fait même que nous existons – car nous sommes nés avec un cœur et un esprit taillés pour faire l'expérience du plaisir et du sens.

Si nous n'acceptons pas notre valeur inhérente, nous fermons les yeux sur nos talents, notre potentiel, notre joie, nos réalisations ; nous les sapons consciencieusement. Par exemple par la méthode du « Oui mais » : « *Oui*, il y a du sens et du plaisir dans ma vie, *mais* ça ne va peut-être pas durer. » « *Oui,* j'aime mon travail, *mais* il m'arrive souvent de m'y ennuyer quand même... » « *Oui,* j'ai trouvé une femme que j'aime, *mais* si elle me quitte ? » Le refus des bonnes choses qui nous arrivent mène tout droit au malheur, et puisque nous sommes toujours malheureux malgré les sources potentielles de bonheur, il mène aussi au défaitisme.

PAUSE

Quels sont (s'il y en a) les facteurs internes et externes qui vous empêchent d'être heureux ?

Avant d'être capables de recevoir un don, que ce soit d'un ami ou de la nature, nous devons y être préparés. Une bouteille soigneusement bouchée ne pourra être remplie d'eau, quels que soient la quantité qu'on voudra y verser ou le nombre de tentatives pour le faire ; l'eau coulera sur les côtés, jamais dans la bouteille. La valeur inhérente est un état d'*ouverture* – l'ouverture au bonheur.

EXERCICE

Phrases à compléter

Voici des débuts de phrases susceptibles de vous aider à franchir les éventuelles barrières entre vous et le bonheur.

Les choses qui me barrent l'accès au bonheur…
Pour me sentir 5 % plus digne d'être heureux…
Si je refuse de vivre en me conformant aux valeurs des autres…
Si je réussis…
Si je m'autorise à être heureux(se)…
Quand je m'apprécierai moi-même…
Pour instaurer 50 % de bonheur en plus dans la vie…
Je commence à entrevoir que…

Continuez à achever des phrases, puisées dans cet ouvrage ou dans celui de Nathaniel Branden, de manière régulière. Les révélations et modifications comportementales que peut engendrer ce simple exercice sont considérables.

13

Cinquième méditation : imaginer

> *La vie serait infiniment plus heureuse si seulement l'on pouvait naître à l'âge de quatre-vingts ans pour se rapprocher petit à petit de dix-huit ans.*
>
> Mark Twain

Vous avez cent dix ans. On vient d'inventer la machine à voyager dans le temps et vous avez été choisi pour figurer parmi ses premiers utilisateurs. L'inventeur, un chercheur de la NASA, vous annonce que vous allez vous retrouver le jour où vous avez lu pour la première fois l'ouvrage que vous tenez entre vos mains. Fort de la sagesse née de votre vécu, vous disposez d'un quart d'heure en compagnie de vous-même, à l'âge que vous aviez à l'époque, donc moins expérimenté. Que vous dites-vous à cette occasion ? Quel conseil vous donnez-vous ?

J'ai inventé cette expérience de pensée après avoir lu un récit signé du psychiatre Irvin Yalom à propos de patients cancéreux en phase terminale.

La confrontation directe avec la mort permet à bien des patients de passer à un mode d'existence plus riche qu'avant la maladie. Un grand nombre rapportent de spectaculaires revirements dans leur vision globale des choses. Ils deviennent capables de remettre à sa juste place ce qui n'a que peu d'importance, acquièrent une sensation de maîtrise, mettent fin aux activités qui ne leur disent plus rien, communiquent plus librement avec leur famille et leurs amis proches, vivent complètement dans le présent, et non plus dans l'avenir ou le passé. À mesure qu'on se détourne des distractions superficielles de la vie, il arrive qu'on se mette à en embrasser pleinement les faits élémentaires : le passage des saisons, les premières feuilles mortes, le dernier printemps, mais surtout l'affection des autres. Nous nous entendons perpétuellement dire par nos patients : « Pourquoi a-t-il fallu que j'attende d'être rongé par le cancer pour apprendre à apprécier la vie et lui donner toute sa valeur ? »

Ce qui m'a frappé en lisant divers comptes rendus portant sur des patients en phase terminale, sous la plume de Yalom ou d'autres, c'est qu'en apprenant qu'ils sont malades les gens restaient eux-mêmes : même conscience des questions et des réponses soulevées par la vie, mêmes capacités cognitives et affectives. Personne ne descendait du mont Sinaï en leur présentant les Commandements sur la façon de vivre ; nul sage chinois, hindou ou grec ne venait leur révéler les secrets de la « vie meilleure ». Personne ne leur dispensait de substances bonnes pour l'esprit ou le cœur ; ils ne dénichaient pas le livre de mieux-être nouveau et révolutionnaire qui allait changer leur vie.

Et pourtant, pourvus des seules capacités qu'ils avaient toujours eues (et qui n'avaient apparemment pas réussi à les rendre heureux jusque-là), ils voyaient leur vie changer du tout au tout. Ils n'acquéraient pas de savoir inédit, mais une conscience aiguë de ce qu'ils savaient depuis toujours. Autrement dit, ils portaient déjà en eux la connaissance de la façon dont ils devaient vivre. Simplement, ils n'en tenaient pas compte, ou bien ils n'en avaient pas conscience.

L'effet de mon expérience de pensée à base de voyage dans le temps est de nous ouvrir les yeux sur la brièveté et le caractère précieux de la vie. Certes, un être âgé de cent dix ans a accumulé de l'expérience – et pour se constituer au fil des ans un capital de sagesse grâce à une existence bien remplie, il n'existe guère de raccourcis ; mais, dans une large mesure, ce dont on prend conscience quand on a la chance d'atteindre l'âge respectable de cent dix ans, on le sait déjà quand on en a cinquante, voire vingt. Il s'agit juste d'ouvrir les yeux. Malgré la boutade de George Bernard Shaw, auteur dramatique, critique et prix Nobel de littérature (« Quelle belle chose que la jeunesse ! Quel crime que de la laisser gâcher par les jeunes ! »), on devrait pouvoir faire en sorte que les jeunes ne gâchent pas leur jeunesse.

PAUSE

Avez-vous vécu des événements qui vous ont amené à revoir vos priorités ? Avez-vous donné suite à ces intuitions ou révélations ?

Les ouvrages de philosophie, de psychologie ou de mieux-être quels qu'ils soient n'ont pas grand-chose à nous apprendre de nouveau sur la meilleure manière de se constituer un capital suprême. Tout ce que peut faire un livre ou un enseignant, c'est nous amener à prendre davantage conscience de certaines choses et à faire un meilleur usage de ce que nous savons déjà. En dernière analyse, si l'on progresse, si l'on évolue, si l'on devient plus heureux, c'est parce qu'on est capable d'introspection, et de poser les bonnes questions.

EXERCICE

Conseils prodigués par votre sage intérieur

Faites à titre d'exercice ce que j'ai décrit plus haut. Imaginez que vous avez cent dix ans, ou du moins que vous êtes beaucoup plus âgé qu'aujourd'hui. Prenez un quart d'heure pour vous prodiguer des conseils sur la manière d'être plus heureux, en commençant immédiatement. Mettez le tout par écrit. Ritualisez ces conseils dans la mesure du possible. Si, par exemple, votre moi plus âgé vous engage à passer davantage de temps avec votre famille, promettez-vous de sortir avec elle une fois de plus par semaine ou par quinzaine.

Revenez régulièrement à cet exercice ; considérez ce que vous avez écrit, ajoutez tout commentaire qui vous paraîtra utile et demandez-vous si vous avez bien suivi les conseils de votre sage intérieur.

14

Sixième méditation : prendre son temps

> *Les instants d'or pur du torrent de la vie filent sous nos yeux et nous n'y voyons que du sable ; les anges viennent nous rendre visite et nous les reconnaissons seulement quand ils sont repartis.*
>
> George ELIOT

La rédaction de ce livre a représenté pour moi une activité profondément chargée de sens et génératrice de plaisir. Néanmoins, pendant un ou deux mois, au cours de l'été 2006, je suis passé par une période où je n'avais plus du tout envie d'écrire ; c'était devenu une corvée, et je n'étais plus aussi souvent en état de flux. Pourquoi ? Parce qu'il manquait ce que j'en suis venu à considérer comme une composante essentielle du bonheur : le temps.

Cet été-là, en effet, je mettais la touche finale au manuscrit que j'avais promis à mon éditeur pour le 1er juillet, sans cesser de me déplacer dans tout le pays pour diriger des ateliers d'écriture et donner des conférences. Certes, je faisais ce que j'aime : enseigner et écrire me procurent habituellement sens et plaisir ; mais j'avais eu les yeux plus grands que le ventre : je ne pouvais plus fournir.

Nous sommes très nombreux dans le même cas, et cela éclaire peut-être les résultats étonnants des travaux de D. Kahneman et de ses collègues. Ceux-ci ont demandé à un groupe de femmes d'énumérer et décrire les occupations auxquelles elles s'étaient livrées la veille, et d'évoquer ensuite ce qu'elles avaient ressenti durant chacune de leurs activités. Elles ont répondu qu'elles avaient mangé, travaillé, pris soin de leurs enfants, fait les courses, gagné leur lieu de travail puis retrouvé leur domicile en fin de journée, fait le ménage, et ainsi de suite. Or, la révélation la plus inattendue était que ces femmes n'avaient *pas* particulièrement apprécié les moments où elles s'étaient occupées de leurs enfants.

Voici comment Norbert Schwartz, un des coauteurs de l'article, explique cette constatation, qui va à l'encontre de toutes les attentes : « Quand on demande aux gens s'ils prennent plaisir à passer du temps avec leurs enfants, ils pensent aux activités plaisantes : leur lire une histoire, aller au zoo... Mais ils ne prennent pas en compte le reste, tous les moments où les enfants les gênent quand ils essaient de faire autre chose. » Nul doute que la plupart des parents jugent signifiante la tâche d'élever leurs enfants – c'est peut-être même la plus signifiante de toutes. Pourtant, parce qu'ils ont trop à faire, la composante « plaisir » nécessaire au bonheur diminue de manière significative. Téléphones mobiles, courrier électronique, ce qu'on appelle l'autoroute de l'information – bref, la complexité globale croissante de la vie que nous menons – contribuent à exercer sur nous une pression constante, et, à force d'avoir l'œil rivé à la montre, les activités potentiellement plaisantes deviennent des gênes. « Quand notre temps, notre attention font l'objet de trop d'exigences simultanées, notre faculté d'être pleinement présents décroît, et avec elle la capacité d'apprécier l'activité en question, d'y prendre plaisir. »

Les contraintes temporelles excessives sont contagieuses ; dans une certaine mesure, elles rendent compte du taux de dépression en perpétuelle augmentation au sein de la population. L'une de mes fonctions, pendant les six années de second cycle où j'ai servi de « tuteur » aux étudiants du premier, a consisté à les aider à rédiger leur curriculum vitae. Chaque année, je n'en revenais pas de constater à quel point leurs performances étaient plus étourdissantes encore que celles de leurs prédécesseurs, du moins sur le papier. Au début, j'ai été impressionné par leurs exploits... jusqu'à ce que je me rende compte du prix à payer, pour eux, sur le plan affectif. Chaque ligne en petits caractères et chaque gros titre tassés pour rentrer dans une seule page avaient eu un coût élevé. Par ailleurs, dans les travaux que je rapporte au début de ce livre (où 45 % des étudiants de premier cycle universitaire se déclaraient déprimés), 94 % signalaient aussi qu'ils se sentaient « dépassés par la masse de choses à faire ».

Nous sommes, dans l'ensemble, des gens trop occupés ; nous nous efforçons de faire entrer de plus en plus d'activités dans un laps de temps de plus en plus court. Résultat : nous sommes incapables de savourer les occasions éventuelles de capital suprême qui sont pourtant tout autour de nous ; nous ne savons pas y prendre plaisir, qu'il s'agisse de notre travail, de nos études, d'un morceau de musique, d'un paysage, de notre âme sœur ou même de nos enfants.

PAUSE

Dans quels domaines ou activités (si tel est le cas) avez-vous l'impression de compromettre votre bonheur à cause de contraintes temporelles ?

Que faire, alors, pour goûter davantage la vie malgré le milieu de fonceurs où tant d'entre nous sont obligés d'évoluer à cent à l'heure ? La réponse contient un élément positif et un élément négatif. La mauvaise nouvelle est que, malheureusement, il n'y a pas de remède miracle : nous devons simplifier notre vie, ralentir l'allure. La bonne nouvelle, c'est que par là même – en en faisant *moins* et non *plus* – on ne nuit pas nécessairement à la réussite de notre vie.

SIMPLIFIEZ !

Au XIXe siècle, dans son *Walden,* le poète américain Thoreau exhortait déjà ses contemporains à réduire la complexité de leur existence : « Simplifiez ! Simplifiez ! Simplifiez ! Occupez-vous de deux ou de trois choses à la fois, non d'une centaine ou d'un millier ! Plutôt que de monter à un million, arrêtez-vous à une demi-douzaine. » Ses conseils sont encore plus pertinents aujourd'hui, notre monde devenant toujours plus complexe et la pression plus forte de nanoseconde en nanoseconde.

Le temps n'est pas une ressource inépuisable, et il est la cible de trop d'exigences concurrentes. Notre empressement immodéré, le stress que nous subissons si souvent nous rendent malheureux dans bien des domaines. Susan et Clyde Hendrick, chercheurs, font ressortir l'importance de la simplification dans la bonne santé des relations interpersonnelles : « Si l'on pouvait aider les individus à simplifier leur vie, et donc à réduire le niveau de stress qu'ils endurent, il est très probable que leurs relations interpersonnelles (y compris amoureuses et sexuelles) s'en trouveraient enrichies. Et les aspects positifs de leur vie enrichis dans les mêmes proportions. »

Le psychologue Tim Kasser démontre par ses travaux que la *pléthore temporelle* est un facteur favorable invariant en matière de bien-être, contrairement aux richesses matérielles. En cas de pléthore temporelle, on a la sensation de disposer de suffisamment de temps pour mener des activités signifiantes, réfléchir, se livrer à ses loisirs. La *pauvreté temporelle*, elle, engendre le sentiment qu'on est constamment stressé, pressé, surmené, en retard. Il suffit de regarder autour de soi – et bien souvent en soi – pour voir que cette pauvreté envahit tout dans nos civilisations[1].

Si l'on veut élever son degré de bien-être, il n'y a pas moyen d'éviter la simplification. Cela implique de se ménager du temps à soi ; d'apprendre à dire non plus souvent (aux gens, mais aussi aux occasions qui

---

1. *Cf.* C. Peterson, *A Primer in Positive Psychology* (*Introduction à la psychologie positive*), Oxford University Press, 2006. Leslie Perlow évoque une notion voisine, celle de « famine temporelle » sur le lieu de travail. L. Perlow, *The Time Famine : Towards A Sociology of Work Time* (*La famine temporelle – Pour une sociologie du temps de travail*), dans *Administrative Science Quarterly*, n° 44, pp. 57-81, 1999.

se présentent), ce qui n'est pas facile ; d'établir des priorités ; de sélectionner les activités auxquelles on veut vraiment, vraiment se livrer, et de renoncer au reste. Heureusement, cette démarche ne compromet pas forcément nos chances de réussite dans la vie.

QUAND « MOINS » ÉGALE « PLUS »

Une des principales thèses que soutient ce livre est qu'il est possible d'atteindre à la fois à la réussite et au bonheur ; j'ai lutté sans relâche contre la fameuse maxime *On n'a rien sans rien*. L'évolution, la croissance – qu'on parle caractère ou musculature – ne vont jamais sans souffrance ; mais l'idée qu'on ne peut croître et prospérer tout en appréciant la vie est une contrevérité aveuglante. Les travaux sur l'état de flux, par exemple, montrent qu'« expérience optimale » (quand on éprouve du plaisir) et « performance optimale » (quand on donne le meilleur de soi-même) vont de pair. Pour favoriser la survenue d'états de flux, nous devons nous impliquer dans des activités ni trop faciles ni trop ardues. Le même principe général s'applique à la gestion de notre temps.

Dans un article intitulé *Creativity Under the Gun* [*La Créativité avec le canon sur la tempe*] paru dans *The Harvard Business Review,* Teresa Amabile règle son compte à un mythe : on produirait un meilleur rendement en travaillant sans cesse sous pression. « Quand on est sommé d'être créatif avec en quelque sorte "le canon sur la tempe", le résultat est, en général, qu'on se fait tuer. La contrainte temporelle excessive incite peut-être les gens à travailler davantage et obtenir plus de résultats concrets ; peut-être même leur donne-t-elle l'*impression* d'être plus créatifs ; mais, en réalité, cela les amène plutôt à réfléchir de manière moins créative, au contraire. » Pour réussir, il faut travailler dur, certes. Mais quand on travaille trop dur, on compromet la réussite au lieu de la favoriser.

La contrainte temporelle excessive conduit à l'insatisfaction, et quand on est insatisfait ou victime d'autres émotions négatives, le champ de pensée se restreint au lieu de ménager la place nécessaire à la créativité. De surcroît, Teresa Amabile a constaté que ses sujets n'avaient pas conscience de ce phénomène, et vivaient dans l'illusion d'être plus créatifs sous contrainte temporelle. Ce qui explique pourquoi on a tant de mal à sortir de la Cocotte-Minute, de la démarche du fonceur : l'impression subjective de créativité accrue conduit à la perpétuation du stress.

Les travaux de Teresa Amabile mettent également en lumière un phénomène de « gueule de bois » post-pression : un niveau de pression très élevé entraîne une baisse de créativité non seulement pendant la période où la personne se sent sous pression, mais jusqu'à deux jours après[1]. En voulant en faire trop, on compromet son

---

1. Teresa Amabile a toutefois découvert une exception à cette règle : la pression engendrait de la créativité quand le sujet travaillait sur un projet unique, éprouvait une sensation d'urgence, avait l'impression d'être doté d'une mission et pouvait consacrer toute son attention audit projet. Ce qui explique, par exemple, le succès de la mission Apollo 13. Malheureusement, de nos jours, la contrainte temporelle excessive sur le lieu de travail va souvent de pair avec l'impression d'être débordé, dépassé... et l'impossibilité de se concentrer conduit logiquement à des performances médiocres. L'auteur montre qu'il est rare, dans les entreprises modernes, qu'on puisse s'immerger entièrement et sans être dérangé dans un problème à résoudre pourtant important et urgent.

potentiel de croissance, d'évolution, en termes tant de capital suprême que de réussite matérielle quantifiable. John Pierpont Morgan, magnat américain des plus créatifs, et qui a particulièrement bien réussi dans la vie, a dit au XIXe siècle : « Je peux abattre le travail d'une année en neuf mois, mais pas en douze. » Parfois, on le voit, moins égale plus.

Même si les activités individuelles où on s'implique ont tout ce qu'il faut pour nous rendre heureux, on peut en ressortir globalement malheureux. De la même manière que l'aliment le plus délectable (chocolat, lasagnes ou hamburger) ne procure plus de plaisir si on le consomme en trop grande quantité, nous ne prendrons pas plaisir à nos activités, si « délectables » soient-elles, si nous nous y livrons à l'excès. La quantité n'est pas sans conséquences sur la qualité. Oui, *même* les bonnes choses *doivent* avoir une fin.

Un connaisseur en vin n'engloutit pas son verre d'un coup ; pour savourer la richesse de son arôme, il le hume d'abord, le goûte, le déguste, prend son temps. Pour devenir un connaisseur de la vie, apprécier tout ce qu'elle a à nous offrir, nous aussi devons prendre notre temps.

EXERCICE

Simplifiez !

Revenez à l'exercice « Mettre sa vie en tableau » à la fin de mon chapitre 3. Si vous ne l'avez pas encore terminé, ou si cela remonte à un certain temps déjà, énumérez par écrit toutes les occupations auxquelles vous vous êtes livré depuis une ou deux semaines. Observez la liste, ou le tableau de votre vie, et répondez aux questions suivantes : Où introduire un degré de simplification ? À quoi puis-je renoncer entièrement ? Est-ce que je passe trop de temps à surfer sur Internet ou regarder la télé ? Puis-je réduire le nombre de réunions de travail, ou limiter leur durée ? M'arrive-t-il de dire oui quand je pourrais dire non ?

Engagez-vous à réduire votre activité en général. De plus, ritualisez les moments où vous pouvez vous consacrer entièrement, sans aucune autre distraction, aux choses qui vous paraissent personnellement significatives et plaisantes : passer du temps avec votre famille, jardiner, travailler sur un projet professionnel, méditer, regarder un film, etc.

15

Septième méditation : la révolution du bonheur

> *Le monde doit savoir que les plaisirs réels issus des choses matérielles sont dans l'ensemble d'assez piètre qualité, et moindres encore en quantité que ne pourraient le penser ceux qui ne s'y sont point essayés.*
>
> Oliver Wendell HOLMES

Les bienfaits de la révolution scientifique sont innombrables. En agriculture, les paysans ont cessé de prier le dieu de la Pluie pour investir leur énergie dans le travail de la terre ; aujourd'hui, quoiqu'elle demeure irréalisée, nous avons la capacité de nourrir tous les habitants de la Terre. En médecine, on est passé du breuvage de sorcière à la pénicilline ; l'espérance de vie, d'environ vingt-cinq ans au Moyen Âge, a atteint une moyenne de soixante-dix ans aujourd'hui[1]. En

---

1. Données mentionnées sur le site Web de la Foundation for Teaching Economics : fte.org/capitalism/introduction/02.html

astronomie, la notion de Terre plate reposant sur des tortues a cédé la place à celle de globe tournant autour du Soleil ; des hommes se sont posés sur la Lune, et nous poussons toujours plus loin l'exploration spatiale.

Face à ces progrès imposants, on a naturellement tendance à croire en la science ; celle-ci est devenue la religion de la modernité. Mais la science n'est pas en elle-même la solution à tous nos problèmes, individuels ou sociaux, et on peut même dire qu'en la percevant comme toute-puissante, on risque de se voir confronté à une nouvelle série de défis à relever, parmi lesquels ce sous-produit de la révolution scientifique qu'est la prédominance de la *pensée matérialiste,* ou conviction que l'ordre du matériel occupe le sommet de la pyramide des valeurs.

En se répandant sur presque toute la surface de la planète, la révolution scientifique a balayé l'ordre du mystique (croire en un dieu de la Pluie, au pouvoir des rebouteux ou aux tortues géantes) ; mais le problème est que tout ce qui était non matériel, non quantifiable a été balayé, mis au rebut par la même occasion. C'est, comme on dit, « jeter le bébé avec l'eau du bain ». Le bonheur et la spiritualité, qui sont étroitement liés[1], se sont retrouvés dévalorisés puisque immatériels. La pensée matérialiste est en partie responsable de notre

---

1. Des travaux existent en effet, qui établissent une corrélation entre les deux. *Cf.* par exemple R. A. Emmons et M. E. McCullough, *The Psychology of Gratitude*, Oxford University Press, 2004. On associe souvent spiritualité et religion, mais cette analogie n'est pas nécessaire. Au chapitre 3, j'ai souligné le lien entre spiritualité et charge signifiante. Un individu qui trouve ses activités signifiantes, ou chargées de sens, a plus de chances de faire l'expérience de la spiritualité et, par là, du bonheur.

obsession vis-à-vis de l'enrichissement matériel et du malheur qu'elle entraîne.

Ne nous méprenons pas : si je critique la pensée matérialiste, je ne remets pas pour autant en cause, loin de là, le système capitaliste, dont le fondement même est la liberté. Winston Churchill a déclaré un jour : « Le vice inhérent au capitalisme est le partage non équitable des richesses. Le vice inhérent au socialisme est le partage équitable de la misère. » Tant l'histoire que la recherche en sciences sociales ont prouvé qu'il avait vu juste ; on est généralement plus heureux dans les pays libres que dans ceux où l'économie est sous le contrôle de l'État. Le problème apparaît lorsque à la liberté de rechercher la prospérité matérielle se substitue le besoin compulsif d'amasser toujours plus de richesses.

La solution de rechange, face à la pensée matérialiste, est la *pensée-bonheur,* qui consiste, dans notre quête majeure, à nous écarter de la vision du matériel comme but suprême.

LA PENSÉE-BONHEUR

La pensée-bonheur, c'est la reconnaissance que le bonheur est le capital suprême, la fin vers laquelle mènent tous les autres objectifs. Ce qu'elle n'est *pas,* en revanche, c'est le rejet global des choses matérielles : il s'agit plutôt de les détrôner, de les faire rétrograder de plusieurs crans dans la pyramide de nos valeurs. Aristote l'avait déjà compris, qui disait : « Le bonheur est le principe et la raison d'être de la vie, le but et la finalité suprêmes de l'existence humaine » (voir chapitre 3). Et, de même, le dalaï-lama lorsqu'il affirme : « Que l'on ait foi dans une religion ou non, tous nous cherchons une vie meilleure. Aussi je pense que le véritable mouvement dans notre vie est orienté vers le bonheur. » Le critère en fonction duquel nous faisons le bilan de notre existence (à savoir notre perception de ce qui compte vraiment) a des conséquences incalculables, pour notre vie personnelle comme pour la société dans son ensemble. Quand on se rend compte que le capital suprême, c'est bel et bien le bonheur, et quand on intériorise cette conviction, on améliore considérablement son bien-être.

Lorsque les questions qui orientent notre existence concernent le moyen de trouver plus de sens et de plaisir (c'est la pensée-bonheur) et non plus d'argent et de biens matériels (la pensée matérialiste), on est beaucoup mieux placé pour tirer bénéfice du voyage autant que de sa destination. De nos jours, alors que prédomine la pensée matérialiste, il y a trop de gens pour se poser les mauvaises questions. Les étudiants se demandent essentiellement comment leurs études supérieures pourront leur servir à gagner plus d'argent ; quand ils s'orientent vers une profession, leurs interrogations tournent principalement autour du prestige et des possibilités d'évolution de carrière. Pas étonnant que les chiffres de la dépression augmentent.

La pensée-bonheur revient au contraire à se demander : « Qu'est-ce qui me rendra le plus heureux ? », à cerner la zone de recoupement entre les trois questions : « Où est-ce que je trouve du sens ? », « Qu'est-ce qui me procure du plaisir ? » et « Quels sont mes atouts ? » Il s'agit ici de s'interroger sur sa vocation et de préciser pour soi-même ce qu'on a vraiment envie de faire comme études, comme métier, ainsi que dans la vie en général. On augmentera par là de manière significative ses chances de trouver le capital suprême.

UNE RÉVOLUTION TRANQUILLE

J'ai la certitude que, si elle s'étendait, la pensée-bonheur pourrait provoquer, à l'échelle de la société entière, une révolution aussi considérable que celle dont a rêvé Marx. La révolution marxiste a finalement échoué, et en fauchant au passage des millions de vies, sans compter les multitudes de malheureux qu'elle a laissés derrière elle. Les moyens qu'elle a employés dès le départ (priver l'individu de sa liberté) étant immoraux, elle était vouée à n'entraîner que malheur et destruction. Mais la révolution du bonheur, elle, quand elle se produira, aura une issue tout autre, car elle usera de moyens radicalement différents.

Contrairement à celle que proposait Marx, et qui devait être conduite de l'*extérieur*, la révolution du bonheur doit venir de l'*intérieur*. Marx était un matérialiste ; pour lui, l'histoire était mue par les conditions matérielles d'existence ; le changement devait donc venir du dehors, et par le biais des moyens matériels. La révolution du bonheur, qui dépend du passage de la pensée matérialiste à la pensée-bonheur, est d'ordre mental, donc intérieur. Nulle intervention extérieure n'est requise pour susciter ce changement. Nulle force de ce type, d'ailleurs, n'en serait capable. Le choix opéré en toute conscience (celui de se focaliser sur le bonheur comme capital suprême) est l'unique changement visible.

Une révolution du bonheur aura lieu lorsque les gens accepteront, en théorie comme en pratique, que le bonheur est bel et bien le capital suprême. Bien des gens sont d'ores et déjà prêts à l'admettre en théorie, mais si l'on y regarde de plus près, leur mode de vie révèle qu'ils sont fondamentalement poussés par d'autres facteurs que le bonheur en lui-même. La pensée-bonheur peut nous faire émerger, en tant que communauté, de la « grande dépression » où nous nous trouvons actuellement. Cependant, les conséquences pour la société vont bien au-delà de l'élévation de notre niveau collectif de bien-être.

Qu'arriverait-il si la plupart des gens intériorisaient le passage de la pensée matérialiste à la pensée-bonheur ? Pour commencer, que ce soit entre individus ou entre civilisations, la jalousie diminuerait considérablement. Lors d'un séminaire de management que j'ai organisé un jour, certains participants ont établi un parallèle entre les membres d'une entreprise et un ensemble de crabes qu'on jette dans l'eau bouillante. Quand un crabe tente de sortir de la casserole, les autres le retiennent – non pas parce que cela va les aider eux-mêmes à s'en sortir, mais parce qu'ils refusent que *lui* s'en sorte et pas eux. Le besoin de faire plonger les autres provient d'une vision matérialiste du monde – un monde où les ressources sont un jeu à somme nulle et où la réussite de l'un implique la faillite de l'autre, où ce qui profite à l'un ne peut que nuire à l'autre.

Plus généralement, si c'est un jour la pensée-bonheur qui prévaut, les conflits interpersonnels et internationaux seront eux aussi réduits dans des proportions drastiques. La plupart des guerres ont pour objet la terre, le pétrole, l'or et autres ressources matérielles. Les dirigeants coupables d'alimenter ces conflits partent du principe erroné que pour leur pays – et pour eux-mêmes – le capital suprême est la somme des biens matériels qu'ils possèdent.

Si ce raisonnement conduit des pays et des individus au conflit, c'est que ces ressources matérielles existent en quantité limitée. Pourtant, on pourrait trouver une solution gagnant-gagnant à la plupart des rivalités si, de part et d'autre, les gens se rendaient compte de la véritable nature du capital suprême. Sachant que le bonheur dépend de facteurs davantage internes qu'externes, il ne devrait pas y avoir de conflit d'intérêts pour ce qui est de le répandre, car la quantité de bonheur n'est pas fixe, elle : qu'une personne ou un pays en ait en abondance n'en prive pas une ou un autre. La poursuite du bonheur n'instaure pas un jeu à somme nulle, mais un jeu à somme *positive* : tout le monde peut y gagner. Comme dit Bouddha : « On peut allumer des milliers de bougies avec une seule bougie sans que la vie de cette bougie s'en trouve abrégée. On ne réduit pas le bonheur en le partageant. » À l'inverse des biens matériels, qui sont généralement en quantité finie, le bonheur est infini[1].

Mon espoir de voir un jour l'humanité capable de recadrer les conflits interpersonnels ou internationaux n'est pas une exhortation au pacifisme ; ce n'est pas en nous concentrant sur le bénéfice à court terme de la

---

1. Personnellement je ne suis pas d'accord pour dire que la richesse matérielle est un jeu à somme nulle : le capitalisme a bien montré que la taille de la grosse galette n'est pas fixée (c'est-à-dire qu'on peut créer des richesses nouvelles) ; mais la pensée matérialiste consiste justement à considérer les choses matérielles comme finies, donc faisant partie d'un jeu à somme nulle.

conciliation, tout en fermant les yeux sur les conséquences à long terme, que nous instaurerons la paix ou le bonheur[1]. La personne ou la nation agressée n'a pas intérêt à inviter l'ennemi à la table des négociations pour lui expliquer que le capital suprême est, en réalité, le bonheur. Dans les relations internationales aussi bien qu'interpersonnelles, il faut en général être deux pour danser le tango du bonheur.

PAUSE

En quoi votre vie changera-t-elle si vous vous orientez davantage, en théorie et en pratique, vers la pensée-bonheur ?

La révolution du bonheur ne surviendra pas non plus par la confiscation et la redistribution des richesses aux masses laborieuses, mais par une révolution interne de la pensée même. Elle ne s'accompagnera pas d'une révolte sanguinaire qui débarrassera la société de millions de dissidents potentiels, mais d'une révolte *conceptuelle* visant à nous libérer des entraves du matérialisme qui compromet notre potentiel de capital suprême.

La révolution du bonheur consiste à créer une réorientation paradigmatique à l'échelle de la société tout entière, et cela vers un degré de conscience supérieur, un mode d'existence plus évolué – la pensée-bonheur.

---

[1]. Le pacifisme, si bien intentionné qu'il soit, a conduit à d'énormes pertes, en vies humaines et en capital suprême. Comme disait Churchill : « Quand il faudra remédier demain aux démarches de conciliation d'aujourd'hui, le coût et le remords seront sans commune mesure. »

Si la majorité d'entre nous en venait à comprendre et à intérioriser les idées que le bonheur n'est pas un jeu à somme nulle et que sa quête ne nous met pas en position de concurrence avec autrui, une révolution tranquille pourrait se déployer, au sein de laquelle la poursuite du bonheur et l'aide à nos semblables dans ce même but formeraient deux objectifs *complémentaires*. Quand cette révolution interviendra, nous constaterons, à l'échelle de la société entière, une abondance non seulement de bonheur mais aussi de bonté.

EXERCICE

La résolution des conflits

Pensez à un conflit, majeur ou mineur, qui vous oppose à une personne ou un groupe. Mettez par écrit le prix que vous-même et la ou les personnes en question devez payer en capital suprême à cause de ce conflit. Le jeu en vaut-il la chandelle ? Dans le cas contraire, cherchez les solutions susceptibles d'augmenter votre bonheur et celui de la partie adverse.

Par exemple, un(e) ami(e) vous a laissé tomber une fois, et depuis vous lui en voulez ; cela en vaut-il vraiment la peine ? Cela vous rend-il plus heureux ? Et lui (ou elle) ? Ne vaudrait-il pas mieux aborder le sujet de front, et, après lui avoir bien fait comprendre que vous avez été peiné, tenter de renouer des relations amicales qui étaient – et pourraient encore être – source de bonheur ?

On peut avoir toutes les raisons d'éprouver des sentiments négatifs envers autrui ; ils sont souvent normaux, et même sains. Parfois, les conflits sont inévitables, et en essayant à tout prix de faire la paix, à long terme on risque de rendre tout le monde encore plus malheureux. Néanmoins, pour une raison ou pour une autre, bien des gens se raccrochent inutilement à leurs sentiments de colère ou de rancœur envers des membres de leur famille, d'anciens amis, voire des communautés entières, là où ils pourraient très bien pardonner, lâcher prise et aller de l'avant, passer à autre chose.

Qu'on décrète le pardon et la réconciliation, ou bien la condamnation et l'éloignement, l'important est de se baser sur le critère du bonheur. Pour cela, il faut se poser une question simple, dont la réponse est pourtant complexe : Quelle est la voie qui conduit au bénéfice maximal en termes de capital suprême ?

Conclusion

Ici et maintenant

> *Soyez vous-même le changement que vous voulez voir dans le monde.*
>
> GANDHI

J'envisage d'un œil optimiste l'avènement possible d'une société plus prospère sur le plan affectif. Je crois sincèrement qu'on *peut* trouver un travail qui nous apporte un bénéfice immédiat aussi bien que différé, qu'on *peut* puiser dans l'éducation une source inépuisable de capital suprême, qu'on *peut* vivre des relations interpersonnelles signifiantes et plaisantes. Je crois sincèrement que la révolution du bonheur viendra. En revanche, je ne crois pas que ces changements se produiront du jour au lendemain.

Je propose dans le présent ouvrage une théorie du bonheur claire et structurée ; mais je sais bien que la vie est le contraire de cela. Au mieux, une théorie peut établir dans le flot constant de la vie un point d'appui stable, tel celui à partir duquel Archimède prétendait parvenir à soulever le monde – un support d'où poser les bonnes questions. Évidemment, la transition de la théorie à la pratique n'est pas facile : changer des mentalités profondément enracinées, nous transformer nous-même ainsi que notre monde, tout cela demandera de gros efforts.

Il arrive souvent qu'on délaisse une théorie quand on se rend compte qu'elle sera difficile à mettre en pratique. Il est étonnant de constater le nombre d'entre nous qui sont prêts à travailler très dur pour atteindre des buts quantifiables, alors que nous renonçons très vite quand il s'agit de rechercher le capital suprême. Mais si nous voulons atteindre le bonheur, nous devons nous engager à y travailler, car s'il y a une méthode on ne peut plus facile pour être malheureux (il suffit de ne rien faire), il n'existe pas de recette facile pour être heureux.

POURQUOI PAS TOUT DE SUITE ?

Un jour, je me suis promené dans les rues de Provincetown avec mon amie Kim ; nous admirions les boutiques pittoresques de la grand-rue avec dans l'oreille le bruit des vagues qui se brisaient sur les rochers, nous inhalions l'air salin en savourant la précieuse impression de se trouver momentanément hors du temps – cette sensation qui survient parfois quand on est en vacances dans une petite ville.

À l'époque, j'étais étudiant en doctorat, et je vivais dans le milieu très concurrentiel du campus universitaire. J'ai dit à Kim qu'une fois diplômé je viendrais m'installer dans un bourg comme Provincetown. Je pensais qu'une fois oubliés les dates fatidiques et les rythmes invivables je connaîtrais enfin la sérénité que j'avais recherchée toute ma vie. J'avais souvent songé à emménager dans un endroit tranquille après mon doctorat, mais au moment de formuler cette idée, comme elle devenait tout à coup plus tangible, j'ai ressenti un malaise.

Ne venais-je pas de tomber dans le piège qui consiste à vivre dans l'avenir ? Étais-je vraiment obligé d'attendre de décrocher mon diplôme ? Je travaillais déjà avec Kim sur le livre que vous tenez entre les mains, nous parlions fréquemment de la question du bonheur et y réfléchissions beaucoup. Nous nous étions fait la remarque que tout en vivant dans cet environnement compétitif, avec beaucoup de travail et l'obligation de respecter des cadences infernales, nous réussissions à vivre des périodes paisibles. C'est alors que Kim m'a déclaré : « La tranquillité doit venir de l'intérieur. Quand on est heureux, le bonheur est transportable ; on doit pouvoir l'emmener avec soi partout où l'on va. » Puis, après un silence, elle a ajouté : « L'élément externe n'est pas dépourvu d'importance pour autant, évidemment ; mais ce n'est pas cela qui nous *rend* heureux. »

On s'imagine souvent qu'en atteignant quelque destination future on éprouvera une sensation de devoir accompli ; on se sentira serein, prêt à être heureux. On se dit que, au moment de toucher au but, on trouvera enfin la paix. Que cela se produira une fois qu'on aura décroché son doctorat, ou sa titularisation ; quand on aura gagné assez d'argent, ou fondé une famille, etc. En bref, lorsque l'on aura atteint un des objectifs censés changer le cours de notre existence. Pourtant, dans la plupart des cas, peu après être arrivés à notre destination, nous revenons à la case départ – notre niveau originel de bien-être. Si nous sommes d'ordinaire angoissés, stressés, nous retomberons dans cet état d'esprit dès que nous aurons accompli ce qui, à nos yeux, devait tout changer dans notre vie.

Chez les fonceurs, la tension provient en grande partie du besoin de maîtriser l'avenir, ou du moins d'en avoir l'impression. Résultat, ils vivent au futur en se demandant : « Qu'est-ce qui arrivera si... ? » au lieu de se demander : « Qu'est-ce qui se passe en ce moment même ? » – donc dans un avenir hypothétique générateur de tension, et non dans la sérénité du présent. Qu'est-ce qui m'arrivera si je rate mon examen ? si je ne décroche pas cette promotion ? si je n'ai pas les moyens de prendre un crédit sur la nouvelle maison ? Au lieu de vivre pleinement dans l'ici et maintenant, les fonceurs « maculent l'expérience par la ténèbre de l'attente », pour reprendre les termes du poète Galway Kinnell.

Et puis il y a ceux qui, piégés par le passé, ne s'autorisent pas à vivre le bonheur au présent. Ils remettent sur le métier leur histoire personnelle insatisfaisante, leurs tentatives pour se comporter d'abord en fonceurs, ensuite en viveurs ; ils broient du noir en repensant aux relations qu'ils ont vainement tenté de raviver, aux différents emplois qu'ils ont occupés sans jamais découvrir leur vocation. En revivant sans cesse le passé, en s'attachant à justifier leur malheur, ils renoncent au potentiel de bonheur dans leur vie. Au lieu de nous laisser asservir par le passé ou par l'avenir, nous devons apprendre à tirer le maximum de ce qui est là, devant nous, autour de nous, en ce moment même.

IL N'Y A RIEN D'AUTRE

Parmi les obstacles qui s'interposent entre le bonheur et nous se trouve souvent une espérance erronée : un livre, un professeur, une princesse, un preux chevalier, une prouesse, un trophée, une révélation qui nous vaudront un jour la félicité éternelle. Tout cela peut contribuer à notre bien-être ; mais sans, au mieux, constituer plus qu'une petite partie de la mosaïque du bonheur. La conception du bonheur selon les contes de fées (la croyance que quelqu'un ou quelque chose nous rendra heureux jusqu'à la fin de nos jours) conduit inévitablement à la désillusion. Une vie heureuse – ou plus heureuse – ne résulte pas de quelque événement extraordinaire, de nature à bouleverser l'existence entière ; elle se construit peu à peu, expérience après expérience, période après période.

Pour réaliser – c'est-à-dire « rendre réel » – le potentiel de capital suprême que contient chaque vie, nous devons d'abord accepter que tout est là : il n'y a rien de plus à vivre que les détails quotidiens, ordinaires, de la mosaïque. On mène une existence heureuse quand on tire du sens et du plaisir dans le temps passé avec ses proches, dans l'acquisition de connaissances nouvelles, ou dans la mise en œuvre de tel projet professionnel qui nous intéresse. Plus nos journées seront pleines de ce vécu-là, plus nous serons heureux. *Il n'y a rien d'autre.*

Remerciements

J'ai écrit ce livre avec l'aide considérable d'amis, d'étudiants et d'enseignants. Quand j'en ai soumis une première version à mon amie Kim Cooper en lui demandant son avis, je m'attendais à recevoir tout au plus quelques conseils. Rien de tel : les centaines d'heures que nous avons passées à travailler sur mon manuscrit, à débattre pied à pied, argumenter, échanger des points de vue, des expériences et des éclats de rire ont été... un vrai bonheur.

Je remercie tout spécialement Shawn Achor, Warren Bennis, Johan Berman, Aletha Camille Bertelsen, Nathaniel Branden, Sandra Cha, I-Jin Chew, Leemore Dafny, Margot et Udi Eiran, Liat et Shai Feinberg, Dave Fish, Shayne Fitz-Coy, Jessica Glazer, Adam Grant, Richard Hackman, Nat Harrison, Anne Hwang, Ohad Kamin, Joe Kaplan, Ellen Langer, Maren Lau, Pat Lee, Brian Little, Joshua Margolis, Dan Markel, Bonnie Masland, Sasha Mattu, Jamie Miller, Mihnea Moldoveanu, Damian Moskovitz, Ronen Nakash, Jeff Perrotti, Josephine Pichanick, Samuel Rascoff, Shannon Ringvelski, Amir et Ronit Rubin, Philip Stone, Moshe Talmon et Pavel Vassilieff. Le personnel enseignant ainsi que les étudiants de mes cours de psychologie positive m'ont fourni une multitude d'idées… et une quantité inappréciable de « capital suprême ».

Au fil des ateliers comme des conversations informelles, mes collègues et amis du Tanker Pacific ont joué un rôle important dans l'élaboration des théories formulées ici. Je remercie en particulier Idan Ofer, Hugh Hung, Sam Norton, Anil Singh, Tadic Tongi et Patricia Lim.

Toute ma gratitude aussi à mon agent, Rafe Sagalyn, pour sa patience, son soutien, ses encouragements. John Aherne, mon directeur de collection chez McGraw-Hill, a eu foi dans ce livre depuis le début, et grâce à lui tout le processus éditorial a été un vrai plaisir.

J'ai l'immense chance d'être entouré d'une famille nombreuse et très proche. J'exprime ma reconnaissance aux Ben-Shahar, Ben-Porath, Ben-Ur, Grober, Kolodny, Marks, Miller, Moses et Rose pour toutes les heures que nous avons passées – et passerons encore – à évoquer et mettre en pratique notre conception d'une vie meilleure. Et je remercie mes grands-parents d'avoir survécu au pire et incarné le meilleur.

Bien des hypothèses soulevées ici proviennent de discussions avec mon frère et ma sœur, Zeev et Ateret, tous deux psychologues brillants et clairvoyants. Tami, mon épouse et précieuse collaboratrice, a patiemment écouté mes idées brutes, puis lu et commenté tout ce que j'écrivais. Nos enfants, David et Shirelle, sont restés non moins patiemment assis sur mes genoux pendant que ma femme et moi parlions du livre (de temps à autre aussi, ils se retournaient vers moi pour me sourire, me rappelant ce qu'est la véritable béatitude). Mes parents, eux, m'ont procuré les bases solides à partir desquelles j'ai pu écrire sur le bonheur – et, par-dessus tout, le trouver.

COLLECTION ÉVOLUTION

Être bien...

Découvrez dans les pages qui suivent des livres pour faciliter la vie au quotidien : des solutions pour surmonter les difficultés du moment et se connaître mieux !

Pour en savoir plus : www.pocket.fr

Être bien...

◀ **Le bien-être à votre portée**
Bertrand PONCET
Pocket n° 13320

Voici un guide indispensable pour vous retrouver vous-même et apprendre à vivre en harmonie avec le monde qui vous entoure. Grâce à des exercices pratiques qui offrent des solutions radicales pour être plus en forme et moins stressé, vous profiterez des diverses techniques de relaxation énergétique, et découvrirez un art de vivre mettant en harmonie le corps et l'esprit.

Être heureux ce n'est pas nécessairement confortable ▶
Thomas D'ANSEMBOURG
Pocket n° 13612

La vie est pleine de pièges anti-bonheur. Thomas d'Ansembourg a analysé leurs mécanismes et manifestations dans nos habitudes et façons de penser pour mieux nous aider à nous en débarrasser.

Pour en savoir plus : www.pocket.fr

Être bien...

Je veux donc je peux !
Elsa Godart
Pocket n° 13429

Chacun de nous a, en lui, la possibilité d'être heureux et de retrouver l'envie et la joie de vivre. C'est une question de volonté. L'auteur nous invite à retrouver l'immense pouvoir de la volonté et à donner une véritable orientation à notre vie.

L'art de la gentillesse
Piero FERRUCCI
Pocket n° 13580

« La gentillesse n'est pas un luxe mais une nécessité. » Le message de Piero Ferrucci est clair : la gentillesse et les vertus qui lui sont inhérentes peuvent apporter d'incalculables bienfaits à qui sait s'en saisir spontanément. Et si nous la cultivions ensemble ?

La solution intérieure
Thierry JANSSEN
Pocket n° 13062

Relaxation, hypnose, ostéopathie, acupuncture, yoga... Thierry Janssen vous explique quand et pourquoi recourir à l'une ou l'autre de ces pratiques. Il vous apprendra à découvrir et à comprendre l'étonnant pouvoir de guérison que chacun possède en soi.

Pour en savoir plus : www.pocket.fr

Être bien...

L'Art de se faire des amis ▶
Roger et Sally HORCHOW
Pocket n° 13256

Il ne faut posséder ni des qualités extraordinaires ni un charisme hors du commun pour nouer des contacts. Indispensable à notre équilibre, l'art de se faire des amis s'apprend très facilement. Il suffit d'un minimum de disponibilité et de (bonne !) volonté.

◀ Plaidoyer pour le bonheur
Matthieu RICARD
Pocket n° 12276

Nous aspirons tous au bonheur, mais comment le trouver, le retenir, et même le définir ? À cette question philosophique, traitée entre pessimisme et raillerie par la pensée occidentale, Matthieu Ricard apporte la réponse du bouddhisme : une réponse apaisante, optimiste, et accessible à tous.

Les clés pour lâcher prise ▶
Guy FINLEY
Pocket n° 13805

Libérez-vous des liens inutiles qui vous entravent et devenez de plus en plus autonome pour mieux faire face aux aléas de la vie. Guy Finley vous invite à un cheminement intérieur pour une relation plus harmonieuse avec vous-même. Voici les clés pour vous imposer : n'attendez plus pour les saisir et transformer votre vie !

Pour en savoir plus : www.pocket.fr

Être bien...

◀ **La force de l'intuition**
Malcolm GLADWELL
Pocket n° 13228

Doit-on se fier à son intuition ? En s'appuyant sur les dernières découvertes en neurosciences et en biologie, Malcolm Gladwell démontre l'efficacité de cette capacité de discernement spontanée, et prouve que l'intuition est souvent la meilleure des conseillères.

Le courage d'être soi ▶
Jacques SALOMÉ
Pocket n° 11088

Un livre qui propose un nouvel art de communiquer, une charte du mieux-être avec autrui et avec soi-même. Un véritable pont entre la psychologie et la spiritualité, qui permet à chacun d'avoir l'audace d'exister tout en restant fidèle à ses convictions.

◀ **Aime-toi, la vie t'aimera**
Catherine BENSAID
Pocket n° 2939

Tout le monde s'est déjà dit : « Personne ne m'aime. » Nous sommes tous prisonniers d'un système de pensée qui nous complique la vie. Pour sortir du « cercle vicieux » de la déprime, il faut apprendre à aimer la vie, à s'aimer soi-même et à construire des pensées positives. Ce livre explique comment comprendre sa douleur et écouter son désir pour arriver à une pensée équilibrée et libérée.

Pour en savoir plus : www.pocket.fr

Composé par Nord Compo Multimédia
7, rue de Fives, 59650 Villeneuve-d'Ascq

Imprimé en France par

à La Flèche (Sarthe)
en septembre 2010

POCKET – 12, avenue d'Italie - 75627 Paris cedex 13

N° d'impression : 60433
Dépôt légal : novembre 2009
Suite du premier tirage : septembre 2010
S18505/04